阅读成就思想……

Read to Achieve

THE ART OF CHANGE LEADERSHIP

DRIVING TRANSFORMATION IN A FAST-PACED WORLD

成为变革领导者

[加] 谢丽尔·克兰（Cheryl Cran）◎著
宋江泓　邹昕明◎译　黄文彦◎审译

中国人民大学出版社
· 北京 ·

图书在版编目（CIP）数据

成为变革领导者 / (加) 谢丽尔·克兰
(Cheryl Cran) 著 ; 宋江泓, 邹昕明译. -- 北京 : 中
国人民大学出版社, 2020.11
ISBN 978-7-300-28612-9

Ⅰ. ①成… Ⅱ. ①谢… ②宋… ③邹… Ⅲ. ①领导学
—通俗读物 Ⅳ. ①C933-49

中国版本图书馆CIP数据核字(2020)第183925号

成为变革领导者

［加］谢丽尔·克兰 著

宋江泓 邹昕明 译

黄文彦 审译

Chengwei Biange Lingdaozhe

出版发行	中国人民大学出版社		
社　　址	北京中关村大街 31 号	**邮政编码**	100080
电　　话	010-62511242（总编室）		010-62511770（质管部）
	010-82501766（邮购部）		010-62514148（门市部）
	010-62515195（发行公司）		010-62515275（盗版举报）
网　　址	http://www.crup.com.cn		
经　　销	新华书店		
印　　刷	天津中印联印务有限公司		
规　　格	170mm×230mm　16 开本	**版　次**	2020 年 11 月第 1 版
印　　张	13　插页 1	**印　次**	2020 年 11 月第 1 次印刷
字　　数	140 000	**定　价**	69.00 元

本书赞誉

谢丽尔·克兰在《成为变革领导者》一书中，为领导者提供了实时的思路、战略和创造性的解决方案，以帮助推动创新和职场的变革。

谢家华（Tony Hsieh）

美捷步（Zappos）公司 CEO

在这个节奏迅速、信息超载和能源匮乏的世界，了解变革的动态和人们的绩效是基本的领导技能。在《成为变革领导者》这本书里，商业变革专家谢丽尔·克兰与读者分享了大量关于如何运用独特技能的智慧，并将其进化到变革领导力来始终保持领先！

唐纳德·爱泼斯坦博士（Dr. Donald Epstein）

爱泼斯坦研究所（Epstein Institute）创始人

变革的能力是企业和个人新的竞争优势。谢丽尔·克兰有力地展示了在带领其他人这样做的同时，如何成为变革冠军。

约翰·伊佐（John Izzo）

《提升和唤醒企业的灵魂》（*Stepping Up & Awakening Corporate Soul*）的作者

《成为变革领导者》为领导者及其团队提供了一个路线图，使他们变得更具适应性、灵活性和创新性，也因此可以赚取更多利益。本书详细介绍了帮助企业成为行业领导者并获得竞争优势的思路、战略和革命性的计划。

科琳·弗朗西斯（Colleen Francis）
互动销售公司（Engage Selling）总裁

谢丽尔·克兰的《成为变革领导者》是一本必读书！快节奏的变化正影响着各行各业，这本书提供了通向“赢”的航行路线图。

彼得·莱格（Peter Legge）
全加媒体出版集团（Canada Wide Media）CEO

谢丽尔·克兰的新书《成为变革领导者》关注变革、技术和人们转变的临界点，以独到的见解阐述了企业中的每个成员如何承担全部责任，他们不仅仅是纸上谈兵，更重要的是领军作战——不论成员处于传统等级制的什么位置。谢丽尔还提供了大量评估和练习，以帮助每个人发现自身特殊的天赋，以便在企业中成功地领导转型。

拉夫·H. 基尔曼（Ralph H. Kilmann）
《量子组织》（*Quantum Organizations*）的作者

《成为变革领导者》是一本开创性著作，它弥合了常被忽略的变革流程与人之间的鸿沟。这本书将“什么”和“如何”实时、务实地融合成一体，如果一个领导者不仅想要加速变革、提升组织敏捷性，并获得真正协作带来的好处，而且还要促进个人的持续成长，那么这本书应该是这些领导者们必备的案头书。

西蒙·霍兰（Simon Horan）
英国全球变革管理（Global Change Management）公司培训总监

杰出的变革领导力在今天可能比以往任何时候都更重要。无论你是天生的领导者，还是后天成就的领导角色，知道“如何”领导变革是基本的要求。不仅要发现是什么让你成为一个伟大的变革领导者，而且能够明白如何成为一个伟大的变革领导者。如果你渴望成为变革的强大领导者，谢丽尔的新书不容错过。

理查德·凯博士（Dr. Richard Kaye）

CEO 空间论坛（CEO Space）区域总监

前 言

> 唯一不变的就是变化。
>
> 赫拉克利特（Heraclitus）

在过去的五年里，你的生活发生了什么变化?

在过去的五年里，你所在的职场发生了什么变化?

总的来说，在过去的五年里发生的变化比上一代人一生经历的都要多!

2010 年春天，《101 种让 X、Y 世代和变焦者[①]快乐工作的方法》(*101 Ways to Make Generations X, Y and Zoomers Happy at Work*) 一书正式出版了，这本书的主要内容是基于我对北美几十个组织的研究结果。当时，这些组织不断地在问"年轻一代怎么啦？"世代的影响被视为最重要的变革力量之一。我的世代研究使客户的工作发生了重大转变，并被应用于组织重构、提升领导力，以及文化重建和业务增长。

2012 年，我的第二本书《数字时代领导力》(*Leadership Mastery in the Digital*

① 是指既具备大局思维，又对细节一丝不苟的人。——译者注

Age）正是基于这样的事实——导致组织发生巨大变化的不只有世代，还有大规模的科技革命——而写成的。技术曾经并正在引起巨大的动荡，它还在持续快速发展，这影响了员工提供快速、持续的客户交付能力。技术能够让客户直接获取信息，这对提升全球竞争力也产生了重大的影响。

我曾与来自全球各行各业的众多客户一起工作，包括技术行业、保险业、金融业、制造业、医疗等其他行业，帮助这些行业的领导者将变革周期模型整合到驱动转型的战略中，这本书也随之应运而生。

你可能要问，为什么是在此时出版这本书？

在本书中，我以前两本书中提出的策略和优势为基础，为读者提供了一个在快节奏世界中引领转型和推动变革的整体计划。我使用了“整体”这一概念来扩展人们对变革的认识，使之超越当下的看法。许多领导者和组织一听到“变革”就会畏缩不前，因为变革可能暗示着他们现在做的事并没有收到预期的效果，如果把变革换成“转型”可能会好一些，但仍有许多人害怕变革带来的影响，他们担心的是“我 / 我的工作 / 我的公司会失去什么”。

书中关于变革和转型的一整套方法来自一个积极的假设，即作为领导者或一个组织，你曾经做的和目前你正在做的已经取得了成功。此外，你必须保持开放的心态，并在过去的成功基础上再接再厉；你必须尽可能把所有利益相关者纳入新的愿景和方向中；与其担心被淘汰或失去什么，不如关注重新设计、重新创建和重组整个系统。这套方法具有包容性，将所有的人员、所有的系统、所有的产品、所有的客户都视为一个有机的整体，在制定新战略和方法时你所关注的也是这个整体。

我的使命是帮你全面转变你的观点和方法，从“担心失去”转变为“每个人都有所收获”。这本书不是关于变革管理，而是关于与变革领导者一起创建组织文化。

这本书以把理念从“我”转变到“我们”开始，并让你相信，你即刻就需要具备变革领导力和转型能力。贯穿其中的理念是，只有通过增加价值和共享价值，才能真正地寻求有利于更大系统（你、你的团队、你的公司和你所在的行业以及全世界）的变革。

我的研究和收集的信息证实，有一些工具，比如正念和情商，可以加快个人和集体的转型步伐。

书中还澄清了变革管理者和变革领导者之间的区别，以及为什么在这个快速变化的时代需要整合每个人的技能。

技术的主题也会贯穿全书，这表明组织可以利用现有的技术知识加快创新速度。

我还分享了拥有整体思维的领导者关于充分发挥人们的能量来领导变革的观点，即通过赋予人们权力，使其形成更有效的变革领导力量。

变革周期模型得到验证可以用于变革领导者在变革周期中的状态的自检，也可作为组织的检查工具之一。

基于世代对当今全球商业变革的影响，我在书中还回顾了当前对世代的研究，以及如何整合所有世代的力量来推动组织转型。

三步变革过程模型简化了领导变革的关键领域，还为变革活动的项目管理提供了指导方针。

最后，通过一项针对 200 多位从中层到高层管理者的领导力调查结果，为我们了解影响组织的变化、挑战以及当前职场向未来转型，提供了进一步的支持数据和思索！

正是我的客户一如既往地激发了我写这本书的灵感。我非常敬佩那些与我共事的领导者，正是他们的勇气和推动转型的那些故事感动了我。

目 录

第 1 章 为什么组织需要变革领导者

突破性变革的需求 006

不断增长的创新和速度需求 010

谁对领导变革负责 012

组织为什么需要变革领导者 015

第 2 章 快速变化的世界需要像你这样的领导者

增值——变革领导方法 019

为什么是你 021

WOW变革领导力评估 022

为什么不是你 024

我们为什么需要你 030

为什么是现在 031

30 天、60 天和 90 天的个人计划 032

第 3 章　颠覆现状：变革管理者还是变革领导者

变革管理者和变革领导者　037

变革领导者的语言　039

变革领导者推动转型的方法　044

如何将变革管理者与变革领导者整合到一起　046

第 4 章　提升领导力运行系统，成为推动转型的变革领导者

不断演化的思维过程　058

新语言　065

升级的沟通技巧　065

提升领导力运行系统工具 1：情商　067

提升领导力运行系统工具 2：正念　069

第 5 章　变革周期转型工具

变革　075

过去　078

抗拒　078

探索　080

整合　081

未来　082

每个周期都有其目的，并且是转型过程的一部分　083

第 6 章　帮助他人成为驱动转型的变革领导者

创建变革领导者的组织文化　097

创造灵活、适应性强且能够适应市场变化的文化　100

为了变革而变革与可持续性的转型变革之间的差异　101

第 7 章　技术与人——变革的推动力

技术驱动下如何拥抱变革　107

在多元设备现实中领导变革　109

技术现实对职场的启示　111

让员工开心的秘密——技术　113

在社交媒体现实中领导变革　115

以人为本，整合技术　117

第 8 章　转型工具

你是哪种类型的转型者　123

识别并适应周围的变革者类型　127

成为团队的变革领导者来推动转型　129

第 9 章　适应多元性格、不同世代和不同文化的艺术

领导变革中最重要的因素　138

成为他人个性的超级适应者　143

多代同堂的变形器　147
与 Y 世代交谈　150
拥抱多元文化价值观　152

第 10 章　领导个人和组织变革的三步变革过程模型
拥抱颠覆　156
用颠覆引导个人和组织的变革　158
承诺英雄之旅　160
引导他人投入英雄之旅　162
庆祝成功　163

第 11 章　在推动改变世界的转型中茁壮成长
调查结果　172
从一个人、一家公司开始变革世界　185

译者后记　187

变化的速度不会在短期内减慢。如果说有什么变化的话，那就是在未来的几十年里，大多数行业的竞争可能会更加激烈。

——约翰·科特（John Kotter）

The Art of Change Leadership

第 1 章

为什么组织需要变革领导者

未来的职场就在眼前——你的组织准备好了吗？

你准备好了吗？

我们现在需要变革领导者，是因为快速的变革步伐已经使其成为当务之急。为什么？

因为快速变化意味着人们需要快速地适应它，必须心甘情愿告别熟悉的过去，迈向未知的未来，并准备拥抱它。而现实情况是变革裹挟着人们，使他们无从选择并被动接受。

成为变革领导者是从人的角度去理解变革。作为变革领导者，当我们持续地使用战略方法来改进变革，然后把这些战略方法分享给我们所领导的人，我们就能有效地使组织发生可持续的变革。本书旨在为人们提供关于人（情绪、想法和行为）、结构（所采取的步骤）、战略和行为（行动或执行），以便驱动我们在快节奏时代的转型。

在过去的10年里，世界发生了巨大的变化。2014年，美国经济咨商局（The Conference Board）对1020位全球CEO进行了调查，让他们对面临的最大业务挑战进行排序。结果，人力资本、客户关系、创新、卓越运营、企业品牌和美誉度排名前五位。虽然这些挑战在10年前可能也同样存在，但其核心的主题是解决方案的变革。前五项挑战的解决方案与以前甚至一年前的都不同，这些挑战需要新的解决方案，需要逐一改变。

人力资本是使许多CEO夜不成寐的最大问题，员工过去习惯于找到一个工作，然后在这个行业里工作20年直至退休，但如今已时过境迁！现在，企业面对的现实是员工们对工作和生活的态度正在改变。技术的不断创新为员工们创造了更多的机会来进行终生学习，帮助他们寻找其他更有意义和更具影响力的工作。他们发现更聪明地工作而不是更辛苦地工作，从工作中找到乐趣才是最有价值的。而组织需要应对人力资本挑战的变革包括：拥有能够在快节奏和快速变化的职场中推动转型的变革领导者。设想一下，那些今天已经认识到需要建立的未来的工作环境、并准备进行持续和快速变革的组织；设想一下，那些创造了一个开放的、有创造力的和协作的工作环境的组织，其领导者为团队提供激励、资源并共享知识，且关注员工和客户在转型中的体验。

过去10年常用的领导技能并不是组织下一阶段增长所需的技能。我们需要提升了领导力运行系统的变革领导者，旨在为员工创建一个舒适的组织，从而不断地激发员工创造新方法、新过程和新路径。

现在的客户几乎都是即时消费者——他们就想要现在想要的，而不是昨天想要的！亚马逊的Prime会员所享有的两天交付期，对于那些期盼当日送达的无人机粉丝们来说仍然不够快。数年前，客户还能耐心等待。我还记得我刚高中毕业来到银行工作时的情形：那时我刚从银行出纳员转到了柜台客服。那是20世纪80年代，客户服务还不成气候，当顾客来到柜台旁，我就立即起身准备为他服务。一个多年来一直在客服部门工作的同事把我拽回座位，说："不要这么快起来，否则顾客老想让我们立即起身为他们服务。"当时我才十几岁，感觉这样的想法多么傻呀。时至今日，"顾客就是上帝"的观念，无论从企业角度还是从个人消费者的角度来看都是所有解决方案的驱动力。事实上，我发现现在客户对星级服务的期望已经提升，随时随地满足客户需求成为一种流行文化。那么，这对组织意味着什么呢？意味着应对客户持续不断增加的需求，以创造适应性强的、为客户量身定制的解决方案。提供创造性和创新的客户关怀能力，需要围绕着构成良好服务和改变客户交付过程而改变的思维模式来展开。我们需要变革领导者来改变客户服务流程。

创新同样让许多企业 CEO 夜不成寐，因为他们要想方设法领先于其他竞争者。而创新文化往往要求团队成员以新的方式思考，持续地专注于创造性的解决方案。也许处在同一种文化背景中的领导和员工不觉得新思想有何价值，但他们能意识到新经济和新职场需要创造力和创新思维。为了转型成一种创新企业文化，所有的方法、战略和过程都需要改变。我们需要变革领导者，使其关注和创造有利于创新和创造力的环境和结构。组织中的高管需要重视新创意，创造机会让员工分享创意，鼓励创新，奖励创新产品的创意，改进客户服务理念及提升员工敬业度，等等。许多组织正在建立创新论坛和实验室，例如，美国移动运营商 AT&T 公司的 Foundry 创新中心提供了快节奏和协作创新的环境。AT&T 和技术供应商在 Foundry 创新中心共同工作，以前所未有的速度为客户提供应用和服务。

Foundry 创新中心是以项目结合商业、设计和技术资源来运作的。自 2011 年成立以来，Foundry 创新中心已启动了 200 多个项目，并创造了数十种新产品和服务。这些项目关注的是具有重大商业或技术利益的领域，通常涉及外部初创企业、创新者、企业家、学者和发明家。项目以短冲刺的方式组织，目的就是快速确定项目能否成功。

另一个正在经历巨大变革的领域是组织的整体运营。许多组织几十年前建立的规章制度和流程与当今的商业现实可能并不匹配。当我们的团队对向我们咨询的客户进行组织评估时，其中一个问题是："有哪些政策和流程没有为你的实际目标服务？"客户一般声称，它们的目标是让其客户绝对满意，但运营和流程却阻碍了它们实现这些目标。

例如，一家经营了 30 多年的公司，长期以来没有给客户退款这一政策，可是今天，它的竞争对手却对顾客购买相同的产品实施退款政策。那该公司的政策是否需要改变？这似乎是一个愚蠢的问题，但仍有许多组织没有改变、更新或修订业务流程，以适应当下客户或员工的实际情况。我们需要运营方面的变革领导者，以帮助组织推动变革，从而实现卓越的运营。

从前面提到的调查来看，公司品牌和声誉是未来几年公司成功的关键领域。过去，你可以通过"编故事"来经营公司品牌和声誉，以确保公司维持最好的形象。如今，借助于社交媒体和"大嘴"客户，品牌的一个小漏洞可能在几秒钟内就会像病毒一样传播开来。大公司在过去五年里有了社交媒体工作人员，专注于品牌和声誉的管理，工作重点是在 Twitter 上发布宣传文案，在 YouTube 视频网站发表评论，以及其他媒介宣传。除此之外，公司内部的员工也应认识到个人品牌的必要性和价值，它可以帮助员工提升从事新工作的技能，获得晋升的机会，等等。我最近看到一些年轻父母为他们即将或刚刚出生的孩子注册网址，以保护孩子的名誉权。同样，快速适应对品牌和声誉的挑战是不可避免的，我们需要变革领导者让公司的每个员工成为品牌拥护者，充分利用战略品牌宣传推广的所有渠道，并认识到公司品牌与代表着公司品牌的每个个体之间的关联性。

突破性变革的需求

这里讨论的所有问题都是企业 CEO 们未来几年所关注领域的一些洞见。新的潮流正在塑造未来的工作方式，这也是在职场中驱动变革时必须考虑的因素。

目前影响企业发展的趋势是技术创新、Y 世代对职场的影响和云计算。

技术创新

让我们来看看技术创新的影响力：10 年前，如果有人告诉你，你的隐私和私人生活的大部分内容会发布在公共空间，供世人浏览、聆听，你可能认为他们在开玩笑。然而，如今我们生活在一个全天候被海量信息包裹的世界中，我们确实可以在任何时候找到我们想要的任何人的相关信息。谁又能想到，我们会过上更多的公共生活，建立网络社区，与他人分享照片、视频以及自己的故事，并利用技术进行交流、合作和获取信息。正是技术在影响并从根本上改变了我们的生活和工作方式，因此组织必须适应发生在我们身边的技术革命。引领技术革新的需求对组织及其领导者是绝对必要的。《社交媒体革命》（*Social Media Revolution*）视频的制作者埃里克·奎尔曼（Eric Qualman）预言在未来几年中，我们将不会再有世界 500 强；相反，我们将会有世界 100 强。也就是说，公司在未来几年内是否仍然具有价值，将取决于技术对业务的影响速度以及企业对此的应对能力。

那些专注于技术变革的组织通常处于成功和竞争力的优势地位。当我和一些传统组织（那些经营 30 年以上的公司）交谈时，我经常注意到许多这样的公司都有明显的机会，即让公司里的每个人都能参与到可利用的技术解决方案中。我曾经为一家有 20 年历史的电话业务公司的高管会议提供协助，帮助这家公司重塑品牌，并让其客户知道它现在是一家科技公司。当我们与该公司的高管团队一起进行 SWOT（优势、劣势、机会、威胁）分析时，销售副总裁说，她不需要了解技术，因为她的团队有充分的技术知识。我停下来，直接看了看销售副总裁，然后将目光转向 CEO，什么也没说。我等着 CEO 对销售副总裁说些什么，之后我说："恕我直言，你们正在通过成为一家科技公司来重塑品牌，你们确定不需要了解新技术吗？"

房间里静悄悄的。然后我接着说："在过去，一个领导者的确不需要了解团队成员所做工作的技术细节，但在现今的世界中，领导者必须尽可能多地了解技术，才能与团队紧密合作。"公司的 CEO 一直在容忍销售副总裁的做法，之所以这样是因为他不愿意与她讨论她需要如何提升自己，如何更积极地履职，以及如何尽可能多地学习技术。这家公司需要突破性的变革，以实现成为一家技术公司而不是电话公司的目标。高管们需要从根本上改变态度和行为，才能实现转型和推动业务发展。让我很高兴的是，通过这次为期两天的高管会，该公司得以继续重塑品牌，并对培训和提升领导技能做出了新的承诺，以确保把重点放在转型和积极变革上。

Y 世代

在过去的五年里，我发现并帮助我的客户认识到的一个意义深远的变化就是 Y 世代的影响。2010 年，我写《101 种让 X、Y 世代和变焦者快乐工作的方法》一书的原因就是客户告诉我，他们受到的主要挑战来自年轻劳动力群体。

2020 年，Y 世代已占市场劳动力的 50% 左右；到 2025 年，这个数字预计将达到 75%。是的，Y 世代带来了新的方法，创新、独特的价值观和工作方式，他们将成为工作场所的主要人群，这意味着他们的思想将会变成规则。正是这一代人拥有技术智慧和天赋，他们能专注于利用科技更聪明地工作，而不是更辛苦地延长工作时间。

许多Y世代的人与父母在一起居住，这一批人的平均年龄达到35岁，如果没有找到一家他们真正想为之工作的公司，他们宁愿在家里待得更久。Y世代可以一直待在家里，直到他们找到自己喜欢的工作，或者做他们想做的事情，但这样的工作可能无法提供足够的报酬让他们搬出去。这意味着组织需要从创建组织需要的工作环境转变为创建员工想要的工作环境。

改变职场和企业文化，我们可以通过吸收Y世代的观点和想法，并让所有世代都参与进来来实现转型。Y世代不是公司需要变革的原因，变革势在必行的原因是技术，而对于陆续进入职场的Y世代来说，从诞生之日起技术就成为他们生活的一部分。X世代或婴儿潮出生的父母教导Y世代做自己喜欢做的事，得到自己想要的东西，明白一生有限，一辈子可以不必只从事一种工作。正因为如此，Y世代出来工作是想让工作服务于他们的生活。他们希望工作有乐趣而且氛围轻松和富有创造性，并希望在拥有事业的同时享受生活。变革领导包括适应Y世代的影响，将他们的想法和创新的解决方案结合起来，以推动变革向前发展。

云计算

另一个影响变革需求的趋势是云计算。大数据、云、机器人、实时、视频、互联网协作工具和开源平台正在改变一切。云计算把技术的力量交在员工手中，机器人技术正迫使我们重新思考人类能做和应该做的工作。最近，我在美国制造业精英会议（American Manufacturing Excellence Conference）上做了主题为“发现和留住优秀人才”的演讲，机器人技术成为一个重要的关注点，因为制造业的许多乏味重复的工作岗位正在被机器人取代。有趣的是，《财富 500 强》（*Fortune 500*）杂志 2015 年的统计数据显示，尽管现在已有机器人进入职场，但 82% 大型企业的 CEO 却计划从现在开始的两年内雇用更多的人。因为机器人技术是许多传统产业面临的最大挑战之一，它带来的变化就是企业需要寻找有才华的新人，而碰巧许多 Y 世代都乐于从事那些涉及诸如操作机器人等的技术活儿，而不太乐于从事重复机械的工作。

大数据能让我们洞悉那些用于测量我们如何工作以及客户如何与我们互动的指标。互联网协作工具可以使我们能够随时随地在任何设备上将人和信息连接在一起。数据收集作为焦点已经转移到数据操作上，即利用数据挖掘的信息来提高客户的可交付能力和业务成果。

哈佛商业评论分析服务公司（Harvard Business Review Analytic Services）对《哈佛商业评论》（*Harvard Business Review*）的 527 位来自大中型组织的读者进行了一项新调查，该调查显示，业务敏捷已成为云交付的主要优势。业务敏捷是采用云计算的主要目标，将近三分之一的受访者（32%）说这是他们追逐云计算的主要原因。随之而来的是，创新的扩大（14%）、成本的降低（14%），以及根据业务需求的变化进行纵向扩展的能力（13%）。因此，在这个快节奏变化的世界中需要突破性变革，需要我们所有人掌握变革领导的艺术，提升迅速反应和适应变革的能力，并具备精神层面和情感层面的敏捷性，从而引领人们走向激动人心的商业未来。

不断增长的创新和速度需求

除了需要突破和转型，还需要加速持续变革和创新。在 AT&T Foundry 创新中心的例子中，它们创建了将创新作为主要商业驱动力上的组织结构。任何规模的组织都有机会创建自己的创新中心。有许多创新中心为初创公司提供服务，但如果现有公司像 AT&T 一样设立自己的创新中心，其效果又如何呢？例如，佛罗里达创新中心（Florida Innovation Hub）是美国佛罗里达大学的创新孵化器，其使命如下：

> 佛罗里达创新中心的成立为初创公司提供催化剂，这些公司的技术来自佛罗里达大学和全州的实验室。我们的使命是为它们提供所需的基础设施、后勤保障和资源，使它们能够独立并高效能地运转起来。创新中心这样做，就是希望帮助那些公司把研究发明推向市场，为佛罗里达创造更多的就业机会。

佛罗里达创新中心是以成功创业为核心的商业化中心的典范。根据美国企业孵化器协会（National Business Incubation Association，NBIA）的数据，从企业孵化器诞生的公司创造了就业机会，振兴了社区，推动了新技术商业化，从而促进了地方、区域和国家经济。从历史上看，据 NBIA 报告，在脱胎于孵化器的所有企业中，仍然有 87% 的企业在经营。

像佛罗里达中心这样的创新中心，其过人之处在于，它为持续的研究和创新提供了一种模式。许多组织表示，它们希望自己富于创新、反应迅速，但它们并没有为之创造一个模式或环境。我们需要关注未来的变革领导者，他们不仅会质疑自己是否能制定出与公司和高管们的期望相一致的流程，而且会付诸行动，亲自领导变革，以创建解决方案和基础建设，从而确保创新的焦点始终如一。制造业已认识到建立创新中心的必要性。2014 年，三家制造业创新机构宣布正式启动，以在制造业特定领域发展，并以同样的形式给予资助。下一代动力电子国家制造创新研究所（Next Generation Power Electronics National Manufacturing Innovation Institute）的创新中心于 2014 年 1 月在美国北卡罗来纳州立大学启动，旨在提高能源效率。北卡罗来纳州及其合作伙伴通过推动特殊功率半导体的技术和生产，提高从电子设备到电动汽车的应用效率来应对挑战。

今天的创新已不同以往。过去，创新是由企业高管领导自上而下地进行。今天，就像开放源代码一样，创新需要以民主的方式在企业中开展。特斯拉公司的 CEO 埃隆 · 马斯克于 2014 年 6 月 12 日在他的博客文章中对创新理念做了以下分享：

我们所有的专利属于你（节选）

埃隆 · 马斯克，CEO，2014 年 6 月 12 日

我们的目标是生产令人耳目一新的电动汽车，如果我们为了阻挡其他人的前进，而在身后埋设了知识产权的地雷，那我们的行为就与目标背道而驰。为了电动汽车技术的发展，我们将开放所有的专利。特斯拉公司不会对任何出于善意想要使用我们技术的人提起专利诉讼。

埃隆 · 马斯克正是变革领导者的典范，他高屋建瓴地注重创新和速度，他压倒一切的目标就是让更多的电动汽车行驶在路上。

那么，如果今天我们的公司采用特斯拉的方法来搞创新会怎么样呢？作为一种协作方式，创新不仅能解决公司转型的两难境地，而且也为公司内部所有员工创造了更大的参与度。为了加快创新的步伐，它要动员的不是几个人，而是一群人。斯蒂夫 · 乔布斯承认自己有创新的视野，同时还拥有一个研发和创新的天才团队，他们一起工作，分享创意，相互鼓励，以健康的方式挑战新创意，然后尽快地投向市场。

事实上，正是快速的创新使得苹果公司成为世界上绩效最佳的组织之一。它们不是只发布新版本的iPhone，而是始终如一地不断开发具有新功能的新产品，而这些新功能正好能满足消费者的需求。事实上，苹果公司成功的经营方式之一就是在消费者知道自己需要什么之前就预判他们的需求。

就技术而言，创新和速度永无止境。你我都知道技术是需要人类来操作的（至少目前是这样的）。作为人类，也作为推动转型的变革领导者，我们需要提高自己思考的速度，将未知的万事万物以有用和有效的方式联结在一起，并为员工和客户增加价值。如何才能做到这些呢？我们将在后面的章节做进一步的介绍。

谁对领导变革负责

我知道这是显而易见的，然而，真的是这样吗？

你也许很清楚自己要对领导变革负责，你既是这本书的读者，也是一位领导者，无论你有没有头衔，每个人都是领导者，这就是我的职场哲学！一个主动迎接变革的领导者与一个被动接受变化的人对变革的反应是截然不同的。一个是向前推动变革并获得成功，另一个则抗拒快速的变革，减缓进程。劳驾，现在用你的非优势手拿起一支钢笔或打开个人设备上的一个写作应用程序，写下你的名字。如果你感到左右手都可以灵活写字，那你就具有优势，因为我们绝大多数人是做不到的。而且我们注意到，这样写出的字不如优势手写出来的清晰、流畅和漂亮，为什么呢？

因为我们平常习惯于用优势手写字，这已经变成了我们的无意识能力。这也是许多人对变化的反应，即要么创造进步，要么阻碍进步。

如果你用非优势手练习写字 30~90 天，你就能用这只手更熟练地书写，从而让你无论使用哪只手，都能得心应手地写字。变革也是如此。

如果你花至少 30 天的时间，集中训练使自己更敏捷、灵活、开放、富有创造力，那你将开始创造一种新的无意识能力。

因此，如果你有责任成为变革领导者，那你该如何成为变革领导力大师呢？

首先，你需要有欲望。你想反应更迅速、更具有创造力和吸引力，并创造更有活力的结果吗？

其次，你需要承诺。你是否愿意去做那些能够创造更高层次的、具有灵活性和适应性的事情？你是否愿意为自己和你所能影响的人创造更多的激情和能量？

最后，你还需要使命感。你留给人们的是什么？在这个快节奏的变革时代，你的表现以及你对他人的鼓舞和激励能产生持久的影响力吗？

如果你对这三个问题的回答是肯定的，那说明你已经解释了什么是约瑟夫·坎贝尔（Joseph Campbell）所说的英雄之旅：渴望成为变革领导力大师，并希望对世界产生更大的影响力。

谁对变革领导力负责的另一个答案就是：每个人。

作为一名变革领导力专家，我发现，对于很多人来说变革是艰难的。许多人说，他们想改变并且为之付出了努力，但后来又不可避免地回到了以前做事的方式上。

心理改变能压倒一切。这是因为面临危险时本能注定我们要么战斗，要么逃跑。当我们处于生死境地时，这些本能反应都是有帮助的，但是当我们想用快速和创新的方式来驾驭改变时，这些反应就没那么有用了！人们将变化视为危险还是机遇，取决于他们的个性以及生活和工作中所经历的变化程度。作为变革领导者，你需要掌握的变革领导力的艺术就是，更好地理解人们如何成功地应对变化，并激励他们顺势而为。

我经常告诉我的客户和读者，如今要成为成功的领导者，我们必须成为一名好的心理学家，这样才能更好地理解为什么人们可能会抗拒向某个特定的方向转变，以及如何把自己转变为变革的一部分。

此外，领导者还必须更好地理解行为经济学——研究人类思想和行为如何影响其决策的科学。它为我们理解为什么进行持久的变革是如此困难提供了些许线索，诸如现状偏好（倾向于保持事物不变）和厌恶损失（与取得进展相比，更倾向于避免痛苦）等因素及其相互作用，从而形成长期以来对员工非常规行为的反对抵制。

盖洛普（Gallup）公司使用变革管理指数（Changing Management Index，CMI）对有效变革管理进行研究后发现，25% 企业的高管平均能动员 77% 的员工参与；25% 的一线管理者平均只能动员 1% 的员工参与，54% 的员工不会主动参与。如果一个组织的领导者倡导变革，但超过一半以上的员工不响应，那变革就很难推进。

有才华的管理者是成功变革的关键因素，他们善于让团队成员参与变革，并能很好地帮助员工看到他们的工作是如何与公司未来的愿景紧密相连的；有才华的管理者每天都把关注点放在确保员工们朝着变革的方向努力，而不是通过年度绩效考核来帮助他们改善绩效。在快速变革的时代，技术成为我们确保每个人专注于变革的工具之一。实时绩效工具就是一个很好的例子，它能识别并奖励那些参与建立新规范活动的人。像 Salesforce 和 7Geese 这样的企业，当员工们的行为与期望一致，并与公司的变革方向相一致时，公司会通过发短信、电子邮件或群发消息向员工提供即时反馈。这样的工具既提高了反馈速度，也强调了公司所期望的行为。

组织为什么需要变革领导者

我们需要变革领导者，是因为我们生活和工作在重大变革的时代；我们必须拥有变革领导者，是因为变革领导者是推动创新的改革者；我们需要变革领导者，是因为变革具有挑战性；我们需要变革领导者，是为如何推动繁荣和领导创新以及创造积极的结果树立榜样。

在下一章，我们将探讨为什么是你，为什么是现在需要变革领导者。并通过一些小测验和自我评估工具，帮助你弄清楚作为一个变革领导者的优势和有待发展的领域。作为一个变革领导者，你要充分利用机会来练习你所学到的。此外我们还为你提供了 30 天、60 天和 90 天的个人计划，这样你就能进一步提升你的无意识能力。

> 如果不是你，是谁？如果不是现在，是什么时候？
>
> ——希勒尔（Hillel）

The ~~Art~~ *of*
Art

~~Change~~
Change

~~Leadership~~
Leadership

第 2 章

快速变化的世界需要像你这样的领导者

企业文化是可以转变的，领导团队的思维模式也确实与企业文化相关。个人、团队和整个公司都能适应未来并为之做好准备。通过研究需要改变什么和如何实现这些改变，每个人都要学着拓展思路以迎接更大的挑战。

那如何才能做到呢？这需要通过非同寻常的领导力、超然的能量、超凡的技能以及强大的意志力，来引导自己和他人通过变革并推动转型来完成。

虽然组织需要在当今瞬息万变的世界中适应变化，但它们不能仅通过纯粹的技术方法或不断的重组来使变革发生。过去的重组只是改变了部门和部门之间的谷仓效应，调整人事或缩减规模，而领导层没有就以人为本、公司的核心目标和所遵循的价值观进行任何根本性的变革，只是为了变革而变革，这不是我们这本书所要讨论的。组织内的所有人员都必须笃信本书所描述的转型变革，承诺学习新技能，并以全新的态度和风貌来开展业务。组织需要一种新的领导力来重新定义变革，重新诠释形势，并转变运营方式。

IBM 公司 2012 年的一项针对 CEO 的研究表明，在未来 10 年需要重点关注的三个领域之一就是为员工和客户创造共享价值。

增值——变革领导方法

不断寻求增值的组织能够调整自己以适应客户需求，并将增值概念应用于组织内部的员工。希望不断增值的企业有很多，如苹果、保时捷和迪士尼等公司。这三家公司都把重点放在如何改善客户体验，如何为它们的员工提供增值服务。根据《华尔街日报》（*Wall Street Journal*）2012 年的一篇文章，苹果公司的 CEO 蒂姆·库克（Tim Cook）就给员工带来了额外津贴形式的附加价值。

这篇文章提到，这些额外津贴包括了苹果公司产品的折扣、跟员工个人慈善捐款的数额相匹配的公司捐赠计划，允许部分员工利用工作时间做一些他们正常工作职责以外的创新项目（如“蓝天”计划）。库克还采取了其他措施让苹果的员工更具有价值感——比如在公共场合表扬员工，更加努力挽留那些试图跳槽的员工。

谷歌公司是另一个以创新文化为核心的例子。它认识到为了提高工作效率和加快创新的步伐，需要为员工提供增值服务。

谷歌公司的做法使其成为“创意工厂”：创意多多益善。谷歌公司的领导者专注于成为伟大创意的孵化中心，而不是担心失去优秀的人才（恐惧）。它们更想成为一个源源不断地产生伟大创意（发展进步）的地方。这种增值式的企业文化带来的结果就是，谷歌成为员工心目中最理想的工作场所之一。

谷歌公司希望成为真正的聪明人进行创新的地方。谷歌领导层开发了领导力的精进项目，这些项目是基于谷歌表现最出色的领导者们的工作，来对谷歌所有的领导者进行领导力培训。他们认识到通过构建领导力，公司能够维持一种适应快节奏变化和创新的企业文化。

构建领导能力是组织内部变革领导力艺术的基石。那些一直把培养和提高领导技能作为重点的组织，不仅能够为变革设定愿景，而且还因其聚焦于发展领导者和团队的整体技能，而让愿景成为现实。

华特·迪士尼公司在这方面是一个很好的例子。《迪士尼大学：打造世界一流员工的传奇》（*Disney U: How Disney University Develops the World's Most Engaged, Loyal and Customer-Centric Employees*）一书的作者道格·李普（Doug Lipp）以迪士尼大学的创始人范·弗朗斯（Van France）的领导力为例，讲述了迪士尼文化的目标就是为其员工和客户增加价值。

迪士尼大学的成功可以简单归结于提供支持和明确目标，这一主张即华特·迪士尼和范·弗朗斯提倡的组织价值观——“四种情形”。两人在创建企业文化中都起到了关键作用，使得迪士尼主题公园连续 57 年获得“地球上最幸福的地方”的赞誉。

“四种情形”旨在通过为员工提供培训和指导来增加价值。

情形 1：创新

领导者必须勇于创新，乐于冒险。

情形 2：组织支持

领导者必须提供明显的、热情的和持续的支持，成为员工发展的啦啦队！

在迪士尼，没有人因级别高而不参加培训。

情形 3：教育

员工的培训和成长发展必须纳入企业文化之中。

情形 4：娱乐性

从一线员工到高管的个人发展路径，必须富有娱乐性、引人入胜、令人难忘、生动有趣。

迪士尼的“四种情形”提供了一个专注于增加员工和客户的价值的很好的例子。迪士尼公司创立迪士尼大学就是一个重要的价值增值概念，即通过为员工提供高水平的资源和培训来对企业文化产生积极的影响。迪士尼公司的领导层多年来的主要优势就是与员工和客户一起致力于创新、幽默和发展的承诺。今天，许多组织都认识到在这些领域不断地开展变革和转变对造就友好型职场至关重要。

为什么是你

你已经成功了，如果你还没有意向成为一名创造杰出成果的变革领导者，那你就不会拿起这本书。你也许被这些欲望所驱使：增加掌控力，追求卓越，激励他人发展，进一步提高你的博弈策略。让我们来看一下变革领导者的自我评估工具——WOW 方法吧。

WOW 方法是一个革命性的 SWOT 分析方法。尽管 SWOT 分析法是一个战略规划工具，能分析出优势、劣势、机遇和威胁，但它不是一个专注于演化式变革的工具。我使用 SWOT 促成了许多战略转向，它一直是一个有效工具，可以将一切都摆在桌面上，并根据 SWOT 中显示的发现来构筑未来。然而，WOW 方法关注的是将战略规划的重点转移到具有更多能量或更具前瞻性领域的机会上。WOW 代表的是：什么是有用的（what’s working）、机遇（opportunities）、下一步是什么（what’s next）？

WOW 方法的概念来自爱泼斯坦技术公司（Epstein Technologies）。唐纳德·爱泼斯坦博士用 30 多年时间为改变健康和健康生活提出了这一创造性的工具。

爱泼斯坦博士是爱泼斯坦研究所的创始人，是全球知名的进化健康生活模式的思想领袖。他也是将重组生活模式应用于商业、个人生活和健康的开创者。

爱泼斯坦技术公司的模式经过多年的研究已得到验证，其科学应用得到了南加州大学、加州大学欧文分校、怀俄明州－拉勒米、亚利桑那州立大学、麻省理工学院和约翰·肯尼迪大学等大学的验证。全世界成千上万的人都以健康交付的形式体验了这些概念。

2014 年，许多个人和企业开始要求将爱泼斯坦技术的概念和模型应用于组织中，以帮助改善企业运营和特定的业务应用，如管理变革、改善领导力、提高销售技巧等多方面。

我与爱泼斯坦博士一起工作，开发了针对企业应用的概念，并将其带入商业领域。索尼、Abvie、资产管理（Asset Management）等公司已经从我们为企业培训和教育开发的开创性课程中受益。

我在本书中会分享更多爱泼斯坦技术公司的变革工具的信息。现在让我们用 WOW 方法评估一下作为领导者的你。

WOW变革领导力评估

1~8 题以 1~10 分计分，满分 10 分。

1. 你如何评价自己作为变革领导者为自己和团队所做出的贡献？为什么？
2. 你的团队成员和同事如何评价你的领导变革能力？为什么？
3. 你如何评价自己在寻求发展机会时的表现？为什么？

4. 你的团队成员、你的老板和你的同事如何评价你在寻求发展和成长时的表现？为什么？
5. 作为一位变革领导者，你如何评价自己如何不断地为你的团队、你的公司和你的客户增加价值？为什么？
6. 你如何评价自己在工作中激励他人并推动转型的表现？为什么？
7. 你的团队和老板如何评价你在工作中激励他人和推动转型的能力？为什么？
8. 作为转型的驱动者，你如何评价你自己在推动你的公司、你的团队以及你自己拥有 个令人信服的愿景方面所做的贡献？为什么？
9. 你和你的团队、你的同事和你的公司当下有哪些机会？
10. 你和你的团队及公司下一步打算做什么？你将如何领导必要的变革，以实现下一步的目标？

如果你的自我评估的平均分数大于等于 7，那说明你已经拥有优秀的变革领导力。如果你在大多数问题上评分是 5 或更低，那么好消息是你有机会学习和成长，迈向更大的成功。自我评估的价值在于为我们所处的现状设置一个新的基准线，并以此基准线为起点设定目标。

请注意，使用 WOW 变革领导力评估法时，要将重点放在你想要创建的内容上。从变革领导力的角度来看，这些问题很重要，因为它们为你提供了有价值的建议，说明你已经在哪些方面创造了积极的变化，以及你还可以在哪些领域继续努力。

在 WOW 变革领导力评估过程中，你对变革领导者的价值以及为什么你的公司和世界需要你有了更深的理解！你也会更清楚地意识到你需要在哪些变革领导力领域继续加强，以变得游刃有余。

为什么不是你

当你想到那些对世界产生了重大影响的人、那些创业者时会发现，他们对未来都有着更宏伟的憧憬，他们常常会为了取得成功而战胜许多巨大的挑战。

Facebook 公司的马克·扎克伯格（Mark Zuckerberg）渴望为这个星球上的人们建立相互联系的基础设施。这是一个极其雄心勃勃的抱负，但因其最终取得了巨大的成功，所以显得不太滑稽。Facebook 在全球人际交往中的作用比任何公司都要大。它是一个全球性的社会现象，在这里你几乎可以找到你想要找的人，并与之建立联系。超过九亿的注册用户在那里消磨时间、和朋友互动——这就是扎克伯格自 2007 年以来的愿景。显而易见，扎克伯格是一位变革领导者，更多人把他看作社交进化的促进者而非商业人士。

扎克伯格通过社交媒体平台为人们的生活创造实际的附加值，从而使世界发生改变。自 19 岁起，他的设想就是实现他和朋友们的愿望——人们可以通过互联网进行联结，公开分享信息、思想和想法，进而改变世界。

你觉得扎克伯格在之前的 WOW 自我评估中的结果会如何？为什么？

你也许不是扎克伯格，甚至也不期待成为他那样的人，但你却能影响并激发你的影响圈。扎克伯格和你、我有什么区别？我们每个人都有自己的贡献，从而对我们周围的人产生涟漪效应。作为一名变革领导者，你的机遇就是逐步提升自己，并激励他人取得进步以促进变革。

为了激励和领导他人，我们必须认清自己的恐惧或疑虑，然后把重点聚焦在你此时此刻出现在此的目的和做出更大的贡献上。必须是你去引导必要的变革进而改变你的生活、你的工作及至这个世界。我的好朋友兼同事约翰·伊索博士

（Dr. John Izzo）是《挺身而出：如何勇于承担责任改变一切》（*Stepping Up: How Taking Responsibility Changes Everything*）一书的作者，他在书中谈到了我们需要加强勇气和承诺。在书中，他描述了被动者和一个影响者之间的区别。他曾经做过一个题目为“你为什么不向前迈一步”的在线调查。

接受在线调查的 325 人主要是来自美国和加拿大的专业人士，调查结果如下：

- 46% 的受访者认为他们不能改变什么，他们只是一个小小的个体；
- 20% 的受访者说，那是他人的责任；
- 18% 的受访者说他们被羁绊于日常琐事；
- 16% 的受访者表示，如果没有变化，他们担心结果更糟。

我对这项调查的结果很感兴趣。几乎一半的受访者都认为他们不能改变什么，他们只是一个个体。你认为扎克伯格有过这样的想法吗？也许吧，但他肯定不会像这样浪费时间！如果不是你，那会是谁来变革？

认为你只是一个个体的想法是一种逃避的借口，一个安于现状的理由。什么也不去做，不为采取立场、采取行动和有所作为而承担责任。冷漠是变革的敌人！

作为一名变革领导者，你已经知道了这一点，必须始终如一地保持警惕，专注于令人信服的未来、令人信服的机遇以及需要对整个世界职场中创造变革。当变革对我们的影响越小，我们对变革的需求就越小，而变革能为越来越多的人造福时，它就变得更容易。现实中有许多不知名的变革领导者，他们的影响力却成了留给人们永久的遗产。关于变革领导者，我想到的是那些看到需求的人、那些看到问题必须改变并采取行动使之成为现实的人。

罗莎·帕克斯（Rosa Parks）、马丁·路德·金、亚伯拉罕·林肯、玛雅·安吉罗（Maya Angelou）做出的所有变革都源于渴望建立一种新标准，对现状说不，并为更多的人创造更美好的未来。

接下来是关于一群年轻的变革领导者的故事，他们看到了需求并做出改变。下面就是一个不接受现状的典型例子。一个由三名乌克兰学生组成的团队有一个愿望，就是希望世界对听力障碍人士变得更友好。

他们强烈地希望给生活在无声世界的人一个发声的机会。这组乌克兰学生的愿望就是改善听力障碍人士的生活，因此他们发明了一种手套，它能将手语通过智能手机转换成语音。

发明这种手套的灵感来自日常观察，他们发现那些有听力障碍的大学生同伴们与其他学生交流和互动时有困难，这直接导致这些学生经常被排除在各种大学活动之外。

乌克兰学生团队的座右铭是“我们让声音动起来”，他们开发了“相互交流”网站（enabletalk.com），对外分享他们雄心勃勃的愿景、设计方案和如何将发明的设备投入市场的商业计划。除此而外，团队正在研究使用同样的技术将系统进行手机对话的可能性。

这个新技术意味着让大约7000万有听力和语言障碍的人能够以一种新的语言交流的方式与周围的人建立联系。就像这支年轻的乌克兰学生团队所展示的那样，当愿景和目标变得宏伟并超越自我时，成为一个变革领导者的力量就会成倍增长。

所以我再次问，为什么不是你？

要成为变革领导者，还有几个问题需要你考虑：

- 为了未来和你想引导的更大、更引人注目的愿景，你如何调整目前的愿景？
- 针对新的引人注目的愿景，你的个人使命宣言将是什么？
- 你希望通过你的变革领导力帮助多少人？为什么？

这些问题有助于做出承诺，并为你对他人的影响力设定一个新的标准。你的公司、你的家庭和你的生活应该有新的标准和新的贡献，相应地也为你带来更多能量和活力。

调查的另一个结果表明，其中20%的受访者说做出变革是他人的责任，真是可惜可叹。“这不是我的职责”的态度真的使我恼火。为什么？因为说他人必须先改变是一个非常狭隘的观点，并不是由信念推动变革。在一家拥有变革领导者的公司里，所有的人都被要求必须承诺让改变成为变革的一部分。使团队分离而不是聚合、以自我为中心的态度是一种低能量。坦率地说，以这种态度为主的话，那组织不可能向前迈进和进行变革。将这种信念从消极转变为积极的机会很多。如何做到这一点呢？

我们需要讲一个故事来启发持有这种想法的人们，在这个引人入胜的故事里，不管是他还是你，到哪儿都是英雄。我的观点就是人人都是领导者。在未来的职场中，人人共享领导力，每个人都成为领导者且共同领导变革，而不是依赖他人主动采取行动。美捷步公司的CEO谢家华，使用了一个绝妙的方法来保证公司的每个雇员都成为变革的领导者。2014年，他把无领导管理模式引进公司。无领导管理模式是一种共享的领导力模式，它于数年前创立并被数家公司采纳。它脱壳于自组织哲学，提倡团队共享领导力而且每个人都对团队结果负责。

当有人认为领导变革不是他们的责任时，这意味着他们曾经有过这样的教训，即当他们努力去做出变革时，要么被劝阻，要么没有得到任何积极的反馈。另一种情况是企业文化所致，这种文化对变革不敏感，员工担心被解雇，或得到糟糕的绩效评定后已经学会了不去当出头鸟。相反，组织中的个人可能有一个内心的罗盘，引导他们寻找自己（自我），而不是仅仅因为没有明显的奖励或动机而看不到自己和其他人领导变革的价值。具有讽刺意味的是，引领变革的人的巨大价值恰恰体现在为自己和他人创造更多的能量、灵感和价值。换句话说，你需要把领导变革看作你和其他人绝对必要的，因为在今天快节奏变化的世界里，这是每个人的责任。

设想一下，如果坎迪斯·莱特纳（Candace Lightner）没有把杜绝酒驾视为自己的责任，那会发生什么。1980 年 5 月 7 日，坎迪斯·莱特纳的女儿卡瑞被一个醉酒司机撞倒的悲剧发生四天后，也就是卡瑞的葬礼后的第二天，她发起了“母亲反对酒驾”运动，因为她发现肇事者很可能不会因他的罪行而坐牢。在卡瑞去世的那天，她就对自己发誓，未来几年里她要为制止这个本可以避免的杀人罪行而做一些积极的努力。

她看到了这种亟须变化的需求，不仅是她和家人的损失，而且也为了将来所有父母的幸福生活。坎迪斯有一个愿景，那就是希望通过减少酒后驾车行为来让世界更美好。

为此她成立了一个组织，该组织的目标是提高公众对酒后驾车危害性的认识，并促进严格的立法来打击这种犯罪行为。

在坎迪斯·莱特纳倡导反对酒驾运动之前，醉酒驾驶并没有被认为那么严重。有些喜剧演员甚至以模仿醉鬼获得知名度。醉酒还经常被用来作为犯错的借口来逃避惩罚，比如用“我不知道我在做什么或我喝醉了”来推诿。

坎迪斯通过展示受害者头像让人们直面酒驾的受害者及其家庭所遭受的伤害。

统计数据不仅仅是由一个个数字堆砌而成的，相反，每个数字都代表了一个无辜的受害者。她帮助人们认识到酒后驾车造成的死亡不是不可避免的。

坎迪斯本来可能只是在她的余生中对这种不公平的遭遇感到痛苦和愤怒。相反，她选择成为变革领导者——不把它留给别人，而是把它变成她留给世界的遗产，即通过提高人们对无益和有害行为（如醉酒驾车）的认识挽救了成千上万人的生命。如果坎迪斯没有推动这件事会怎么样呢？她把个人的悲痛和损失转化为一场运动，以确保其他母亲不必蒙受同样的损失——她成为变革和转型的推动者。

调查“你为什么不向前迈一步”的另一项结果显示，18% 的人说他们忙于日常琐事而无暇成为变革领导者。与时间赛跑是生活中的现实，在这快节奏的时代，每个人都期待实时的答案和回应。技术加速了我们工作和生活的节奏，许多人感到仿佛掉入了时间不够的陷阱。如果你从变革领导者的角度去把时间作为一个不行动的理由时看待，你还会不挺身而出吗？我们是否因为时间的理由而推迟有价值的行动？我们每天都有相同的 24 小时，最有效的是从事那些能推动目标和愿景向前发展的活动的时间。花时间来加强和领导变革，创造更好的系统和解决方案，最终会节省更多的时间。为了行动后获得理所应当的回报，那么现在就投入时间吧。例如，许多领导者经常告诉我，他们没有时间来指导或着手员工的绩效考核。实际上他们说的是，他们认为投资时间做这些工作没有价值。如果领导者不重视在个人发展上的时间投入，那么他们就需要重新考虑他们作为领导者的责任！投入时间就会获得时间的回报。这对于任何有价值的事物和想创造价值的人来说都是正确的。想拥有快乐的具有良好社会适应性的孩子吗？那就花时间在孩子的陪伴和互动上。想拥有健康的身体吗？那就花时间在健康饮食和健身上。希望有一个自主的、以解决问题为导向的工作小组吗？那就把时间花在指导、培训和提高你的员工的价值上吧！

现在明白问题的关键了吧？说你没有时间，只能简单地表明你将价值放在什么位置。如果你不行动起来去领导变革，你就不会珍惜你积极改变的力量。积极的改变会让将来变得更好，就这么简单！

对“你为什么不向前迈一步”调查结果的最后一项是，16% 的人害怕如果他们领导的变革没有任何进展，结果看起来会更糟。这样的人往往有一种固定的思维模式，他们相信冒险是危险的，失败是致命的。不知何故，他们已经习惯于当需要促进或领导变革时，会优先规避风险。这表明在这些人的大脑中，相信无所事事比做错事更好。这种想法的问题在于，这类人往往会持续处于被动中，并不断地挣扎于反反复复中，因害怕把事情干砸了而不作为，最终也得不到他们所渴望的尊重。没有勇敢无畏的人甘冒失败的风险，就没有奇迹的发生。事实上，许多成功人士承认，正是失败促使他们走向伟大。

托马斯·爱迪生的名言是：“我没有失败，我只是找到了一万种行不通的方法。”迈克尔·乔丹说：“我可以接受失败，每个人都有失败的时候，但我不能接受不尝试。”最后，再看看比尔·盖茨是怎么说的：“庆祝成功当然很好，但更重要的是要吸取失败的教训。”

我们为什么需要你

无论你处在变革领导的什么阶段（是刚刚起步，还是准备采取下一个重大行动），我们需要像你这样的人说：“此时此地，我会倾尽所有变革领导力的能力，对我的工作、生活和世界产生更大的影响。”

为什么是现在

前文提到的爱泼斯坦博士有一句话解释了为什么我们现在急需变革领导者，那就是“现在世界上充斥着太多的信息，但就是没有足够的智慧来组织”。

我们需要帮助他人提高并分享智慧的变革领导者，这样才能驾驭快节奏的变化、快速的技术创新以及客户和员工不断增加的需求。

真正的变革领导者不仅能释放自己的全部潜能，还能激发他们周围每个人的潜能。他们发自内心地想要促进社会进步，成为变革的促进者；为了企业能创造出更大的效益，成为真理的典范，引导他人和谐相处，彰显正义，促进平等。成为变革领导者就是为了号召在一个快节奏的世界里，为困扰人类的问题找到解决方案。

为什么是现在？最基本的现实是：当今世界需要的是更多的、专注于转型动力的变革领导者。我们需要各种组织（比如企业、政府、学校、专业协会和工会等）的各个层级出现更多的变革领导者。

在变革的过程中，危机和复杂性从四面八方接二连三地涌现，我们不能仅仅依靠少数领导者来领导变革。

《领导变革》(*Leading Change*）一书的作者约翰·科特（John Kotter）将领导力定义为“创造未来的愿景和实现这一愿景所需的变革战略，围绕愿景让人们协调一致，并鼓舞人们克服障碍并推动实现愿景所需的变革”。

我们到底需要多少变革领导者（包括你）？

为了能对 70 亿人的星球产生重大影响，变革领导者当然越多越好。

对今天的组织来说，现在就释放公司内部变革领导的潜能，让那些对领导变革表现出渴望和意愿的人抓住机遇。从以 CEO 为代表的高管团队到中层管理人员再到主管，现在是时候让他们做出成为变革领导者的承诺了。

为什么是现在？

我们迫不及待地要建立组织文化，以便整个组织都清楚地了解未来的愿景。我们不能拖延建设组织文化，尤其是在这种文化中，人们主动地以微观和宏观的方式帮助推进愿景和完成使命。我们现在必须致力于领导一种变革文化，其中失败被视为创新的交叉路口、成长和学习的机会。我们现在必须有勇气去创造这样一种文化：使公开透明成为新的规范，每个人都勇于开放。珍惜时间，创造无论成果大小都要庆祝的文化。作为变革领导者，如果你能创造一种变革领导力文化，那在组织中，你将不再听到“那不是你的工作”或者“那不是我的工作”。相反，你将听到的是“让我们来看看如何做到这一点”和“让我们头脑风暴一下，找出解决方案”。

30 天、60 天和 90 天的个人计划

在本书中，我将分享变革过程的各个构成要素，以引导人们进行变革和组织变革，但在这里你需要进一步承诺，通过以下的三个计划来提高你的个人变革领导力技巧。

30 天计划

在接下来的 30 天内，请承诺采取以下行动。

1. 花时间进行本章中的 WOW 变革领导力评估。
2. 根据 WOW 变革领导力评估的结果，在确定有发展机遇的领域内设定目标。
3. 要求你的三个同事评估你的变革领导力，请他们诚实作答并和你分享需要改善的领域。
4. 改变一项日常生活中的习惯，比如你喝咖啡或喝茶的地方，或者你上班的路线、锻炼习惯；
5. 设定一个更新的、鼓舞人心的愿景和个人使命宣言。

60 天计划

1. 注重个人创造力和创新，研究更具创新性的方法。请阅读《如何像达·芬奇那样去思考》（*How to Think Like Leonardo Di Vinci*）一书，做书中的一些练习。
2. 在上下班途中或工作时，请听一些励志的变革领导者自传的有声读物。如沃尔特·艾萨克森（Walter Isaacson）写的斯蒂夫·乔布斯的传记——一本关于创造性天才乔布斯的励志佳作。
3. 关注 Twitter、美国图片社交网站兴趣钉（Pinterest）和 Instagram 具有创造力的用户，关注他们如何与粉丝联系沟通，并从中获得启发。

90 天计划

1. 对必须解决的每一个问题，即使是火烧眉毛的难题，你都需要问自己："什么解决方案既能解决问题，又富有创造性？"
2. 尝试把两件事放在一起去思考的方式，这样可以创造新的方法。例如，我经常与观众做一个提升创造性思维的练习，让他们以小组形式列出 10 件东西的共同点，如猫和冰箱或狗和火炉等，这个练习的关键是超越现实情况来思考。

3. 再次使用 WOW 变革领导力进行自我评估，看看你是如何改进的，并为下一个 90 天计划设定目标。

最后，承认并庆祝你作为一个变革领导者所取得的进步。注意如何领导变革和积极释放你的能量和提高注意力。再次从头做起，重新制订 30 天、60 天和 90 天的行动计划。

> 我们靠所得来谋生，但靠给予来创造生活。
>
> ——温斯顿·丘吉尔（Winston Churchill）

The ~~Art~~ of
Art
~~Change~~
Change
~~Leadership~~
Leadership

第 3 章

颠覆现状：变革管理者还是变革领导者

关于变革管理有许多定义，人们对这个词有着宽泛而不同的解释。BNET 商务词典的定义相当不错："为了实现组织内的持久变化，从 A 到 B 的结构化过渡期的协调。"

维基百科的解释："变革管理是一种结构化的方法，将个人、团队和组织从当前状态转换为期望的未来状态。当前变革管理的定义包括组织变革管理流程和个人变革管理模型，这二者一起用于人员管理方面的变革。"

尽管 20 多年来，变革管理一直是组织关注的焦点，但对于大多数公司和公司内部的人来说，实现持久变革似乎仍然是一个挑战。为什么？

因为当我们引入一个系统化的过程来实施变革时，其中一个需要最多关注和时间的变量就是帮助个人适应变革。由于各种原因，变化会在不同的人那里引起不同的反应。简单地应用策略上和项目管理技能上的变革管理过程，不会产生基于企业文化的持久变化。组织中的人员也要改变，以适应未来公司的新风范。这就是为什么变革管理没有产生许多企业预期结果的原因。

依我所见，解决问题的办法是围绕变革来改变语言，创造新的词汇，引导人们渴望改变和创新，扩大对世界的影响。

我们需要的变革领导者具有优秀的激励、沟通、引导、训练等技能，他们在基于过去成功的基础上建立新愿景，推动人们朝着对未来的承诺前进。

变革管理者和变革领导者

变革管理者和变革领导者之间的区别是明显的，详见表 3–1。

从表 3–1 中可以看到，理想的变革领导者会兼顾变革管理者和变革领导者二者的技能。今天和未来职场中所需要的综合技能就是表 3–1 中列出的各种技能，但最重要的是关注人和人心。

表 3–1　　变革管理者和变革领导者的区别

	变革管理者	变革领导者
行动	制订计划，指导项目和员工，达成目标	设定令人向往的愿景；讲述一个与每个人有关的英雄之旅的故事
个性区别	理性、问题解决者、私密的、专注于目标、使用结构和流程、分析型和逻辑型	有魅力、热情、开放、鼓舞人心、承担风险、建立关系、有创造性的想法、专注于大局
主要的关注	管理工作和任务	领导和指导他人
擅长关注	任务	人
与员工相处模式	置身其中	引导促进
特征	权威型、专制、独断、咨询和民主	变革型、协商、参与
权力需求的力度	岗位和权威、头脑、结构、方向、过程、计划、目标、采取的步骤和衡量成功	激励和影响、人心、影响者、倾注人的情感、大格局、承担风险、建立引人入胜的愿景

当我们回顾过去 20 年的职场演变时，会发现大多数公司的职场文化主要由职场管理者而非领导者构建的。从 20 世纪 80 年代起，职场和塑造职场的影响因素发生了巨大的变化，那时职权是权力之所在，员工尊重老板纯粹是因为头衔和年龄。那时，职场有清晰的层级，有每个人都要遵循的固定流程和礼仪。

时光荏苒，到20世纪90年代末和21世纪初，许多公司经历了裁员、重大重组甚至倒闭。由于经济和技术创新而给组织带来的变化，许多领导人和他们的团队不得不遵循独裁和专制的领导方式来推动组织变革。当一个领导者使用强迫而不是权力引导的方式时，对于变革领导力，我更愿意称之为“推”的方法而不是“拉”。在引导小组进行变革讨论时，我经常要求小组成员把他们的手抬起来，与旁边的人掌心对掌心，然后当我说“开始”时，得有人推掌。

自然而然地，每个人都在用力推掌，为什么？

很显然，答案是因为我告诉他们这样做，但我真的说了每个人都要推掌吗？我说过得有人推掌，但实际上每个人都在推。这是一个心理学问题，因为每一个行为都有一个相等和相反的反应。这个强有力的概念与成为变革领导者有关。变革管理者通常会始终如一地把他们的想法、思想、期望和批评推给那些他们所领导的人。结果是人们以推回来做回应，这是人的天性。因此，学习成为变革领导者的诸多好处之一，就是通过对他人行为的灵活适应，来创造前进的动量。我通过要求小组成员再次手掌对手掌证明了这一点，这次有人推，有人顺势拉。通常，当有人试探性地推而其他人放松和顺势拉的时候，可能产生停顿和混乱。这是一个更符合变革领导者的结果，因为，如果一个变革领导者愿意展示灵活适应性并把它传给另一个人，就产生了一个向前拉动的动作，而不是一个彼此对抗的反作用力。在这种情况下，当推的一方发现对方在拉时，会感到自己推得轻松了些。这时拉的人实际上创造了适应空间和动力，并凭借这种能力拥有了权力。第三种情况是，两个人都不推，形成一个理想的中立休息区，允许人们在决策或采取行动之前有一个公开讨论的空间。从这一练习中可以看到，当每个人都在推时，这种方式跟变革管理者的方法之间有着明显的联系，即推动观念、思想、需求、权力等，总是会从他人那里得到一个推回或抵抗的变革反应。

当有人推、有人拉时，变革领导者使用这样的技巧和能力来创造适应空间和动力，并带领人们心甘情愿地顺应变革，而不是抵制变革。

变革领导者的语言

我写过一篇博客，谈到了新职场对新语言的需求，以及如何利用语言来创造更多的灵活性和适应性。

我在这里分享一下这篇博客文章，来看看 Y 世代是如何对积极的语言做出回应的。

2015 年 3 月 11 日的博客

寻求领导力从专制到包容的演变是许多领导者一直以来的诉求。但从权威和权力的心态转变为共享成功和权力均等的心态，无疑是一个很大的转变。

领导变革的关键因素之一是能够用新的领导力语言来激励和吸引当今的员工，并为未来的职场设定基调。

你听说过“蜜比醋更能抓飞虫”的说法吧？这句话对今天的职场尤为重要。研究表明，Y 世代（1980—1995 年间出生的人）对许多传统主义者和变焦者不得不容忍的批评不会做出回应。然而，Y 世代却会对关于培训、反馈和技能发展的建议做出反应，这些就是他们的“蜂蜜”。

如果你对 Y 世代说：“孩子，我花了 30 年才到走到今天，除非你像我一样努力工作，否则你永远也做不到。”这不会激发和吸引任何人，更不用说是 Y 世代了。

相反，如果你对 Y 世代说：“我希望你的职业生涯能超越我，如果你愿意，我想帮助你达成这个目标。我会给你提供你所需的工具，让你更加专注和努力，并在更短的时间内成功。”Y 世代会因获得了你的激励而更加投入，而你也会获得更长久的忠诚度。

在这两种说法中，每一种蕴含的能量都不同。简单地说，第一句话是关于权力、权威，并给 Y 世代泼了冷水；真诚地对 Y 世代说第二句话的人是一个战胜自我的领导者，他会专注为员工和客户创造共享价值。

未来职场要求每个人都要使用这样的语言，它充分包容，重视每个人的个性、性别、世代和工作风格，并专注于创造性的解决方案。

这种新的语言始于重装大脑，以创造共享价值的方式给他人带来能量和热情，聚焦于所有人的成功。

博客中关于批评和激励的语言例子，来自我经常引用的电影《大公司小老板》（*In Good Company*）中的片段，影片中 Y 世代的领导者利用创造力和灵感让整个公司与他的想法和方向实现协同一致。坦率地说，这种类型的语言和热情是每个人都想要的，而不仅仅是这一代人。不同的是，许多五六十岁的人（即变焦者）是在他们父母严苛的批评中长大的，他们的父母进行高度的自我批判，进而导致批评他人包括配偶、子女和员工。而当变焦者成为父母后，他们鼓励并引导 X 和 Y 世代的孩子找到他们喜欢的工作，去与老师协商并捍卫自己的立场。结果就是，这两代人不回应批评，只对激励教育、引导和提供资源做出回应。事实上，变焦者和他们的传统主义者父母们不知道有更好的办法。大家都明白“知彼知己”吧？我们现在更好地了解了语言和积极反馈的力量，让我们通过不断地变革在当今职场做得更好。

从表 3–2 中，你可以看到变革管理者和变革领导者在不同情境下使用的方法和语言的差异。关键的区别在于，变革管理者主要关注自我，而不考虑其他人的价值；变革领导者则重视所有的人，尊重团队中每个人的价值，和他们平等对话，并为团队成员提供迈向成功的工具来帮助他们实现自我价值。

我想用前面提到的爱泼斯坦技术公司的概念把变革管理者和变革领导者之间的语言差异说得更清楚。这一概念涉及还原和重组。

表 3–2　变革管理者和变革领导者的语言差异

情境	变革管理者	变革领导者
招聘	你必须非常努力才能做到这一点；需要花几年的时间才能取得成果	我们是以结果为导向的文化；我们注重团队合作，在团队里每个人都有责任创造卓越的成果。在这里，有团队合作概念的人能迅速获得发展
绩效反馈	你需要更好地为客户服务，我们的客户调查显示你不了解客户的解决方案。你需要改善这一点，否则你的工作就岌岌可危了	客户服务是你整体绩效的重要组成部分。我们愿意通过提供客户服务培训来支持你。我将每两周与你回顾一次所学的知识
晋升	你到这里才三个月，想升职？你知道我花了多长时间才得到我这个位置吗？当我像你这么大的时候，为了出人头地，别人让我做什么，我就做什么	我们认可优秀的绩效。在你来到这里的三个月里，我注意到了你在利用技术方面的能力，我希望你注重将所掌握的技能与业务结合起来，同时更有效地与客户沟通。让我们回顾一下你这三个月的进展
学习新技术	我知道你已经在这里工作了 20 多年，技术不是你的长项，但如果你不学习它，你会遇到不少问题。请与时俱进吧	多年来你获得了很多经验，也做了很多贡献。学习如何利用新技术，加速客户服务的流程，对你和团队都有好处。让我来给你介绍一个团队成员，他可以向你展示如何最大限度地利用这项技术。相信我，一旦你学会了它，你就想知道为什么以前不知道这个有用的工具

爱泼斯坦博士发现，在人类行为和组织中，许多人或组织的文化都有一种倾

向，关注如何使事情恢复到原来的样子，这就是还原。还原是一个推回的例子。在推回的例子中，人们不想让任何事情发生改变，他们只想保持他们确认的舒适感，并保持不变。在确定性和不确定性之间有一个平衡，可以用来创造一种丰富多彩的生活、一个有活力的领导者以及一种色彩缤纷的职场文化。变革管理者更倾向于还原的方法，因为变革管理者试图减缓或控制变革。爱泼斯坦博士很好地总结了这种现象：

> 当人们选择一个还原性的改变时，他们通常会降低标准，即使他们的目标是"回到原来的样子"，达到先前已知的安全区，实际上他们的生活反而不如以前。

重组的概念是，通过专注于采取比以往更高水平的方法来取得更大的成功。变革领导者总是专注于重组。重组往往在企业界有一个坏名声，因为很多人会因此联想起经历过的改组调整和裁员。但这个词在爱泼斯坦博士的著作中被用来作为一种观察个人和商业变革的方式，它是促进每个人成长的机会。作为专注重组的变革领导者的关键特征是：

- 超越现状，创建一个新的级别或版本；
- 视干扰为改进的机遇；
- 勇于专注重组。

唐纳德·爱泼斯坦简单阐明了"重组"作为"变革领导者工具箱"中的一件工具，阐释如下：

> 重组就是把当前生活或事业中的痛苦，当作一种机会去创造更多我们真正渴望的东西。当一个痛苦的事件发生或生活环境改变时，我们要看到它给我们创造了从未遇到过的、令人惊喜的新机会。

2008 年发生的全球金融危机在许多人心中留下无法抹去的痛苦。如果我们从还原和重组两种角度看 2008 年的金融危机，我们可以很容易地分辨出哪些是希望事情还原的人，哪些是看到需要重组、进入一个新的经济现实中的人。

今天需要的变革领导者，是那些毫不犹豫地根据市场或生活中所发生的变化进行变革的人，他们寻求规划将组织升级到一个更高的层次。一个变革领导者不会留恋过去的美好时光而紧抓不放，相反，他们会热情地把干扰看作机会，以获得新的成功。

变革管理包括流程和流程控制。变革领导力给变革注入了巨大的能量，使事情更快、更好、更强。变革管理在较小的变革中运行良好，而变革领导力能适应更大的变革。

变革管理试图尽量减少干扰，并专注于诸如避免超出预算这类的事情。通常情况下，有变革管理小组和任务小组被赋予"向前推进"的目标，但要实行控制。

变革领导力是当务之急，很多人希望看到变化发生，很多人会被赋权。变革领导力控制得更少，创造的空间更大，成熟的领导团队在关注风险而不羁绊于风险的同时，推动变革向前发展。变革领导力与更大的飞跃息息相关，并以更快的响应速度利用机会。我们需要领导者更好地掌握变革领导力，毕竟他们勇于为所有人的福祉做出改变。

说到柯达公司，你想到的是变革管理者还是变革领导者？

1996 年，柯达公司被评为全球第四大最有价值的品牌，仅次于迪士尼、可口可乐和麦当劳等公司。接下来，数字革命发生了。你知道柯达在 20 世纪 70 年代早期就拥有了数码相机相关的数字技术吗？ 然而，他们并没有采取变革领导力的方法。他们没有抓住在数字化领域中引领市场的机会，却抓着胶片业务不放。《经济学人》（*The Economist*）的一篇文章指出，柯达成了一个骄傲自满的垄断者。换句话说，柯达公司没有做好变革领导者和变革管理者之间的平衡，柯达公司接下来的情况众所周知，不用详述了。

对于那些没有变革领导者的公司来说，它们现在的风险是公司在未来几年内是否还能存续。变革的快速步伐、不断更新迭代的技术，这些都需要有创新精神和先见之明的变革领导者，带领组织不断蓬勃发展。

变革领导者推动转型的方法

变革领导者推动转型的方法，需要将变革领导者的特质和变革管理者的流程管理相融合。对变革管理者和变革领导者进行对比是有必要的，这样，我们就可看出二者所采取的方法之间的明显区别。这不是要制造对立，或者据此指责你的同事是变革管理者而不是变革领导者。机会对变革管理者来说，是采取了好的方法和必要的技能，对变革领导者而言，机会就是杠杆。

从本章前面的表中可以清楚地看出，变革管理者所采取的方法是权威性的、独裁的，尽可能最小化风险。变革领导者的方法更侧重于运用高情商来激励和指导下属。技能和方法结合在一起就形成了动态的变革领导力的神奇公式。

变革领导者的综合技能包括以下内容。

- 树立一个令人信服的愿景，同时尊重过去的成功。
- 在项目时间表里标明庆祝的节点。
- 亲自与每个人联系，并提供变革进程的框架，让大家在变革的航程中“同舟共济”。

- 啦啦队、拥护者和变革代理人同时不断向变革反对者提供数据和进度成果。
- 不断激发、鼓励和奖励各种努力，同时持续提供各种沟通方式，包括面谈、短信、电子邮件、视频会议，等等。
- 坚定勇敢地引领变革，同时对在变革旅途上的恐惧和挑战持开放和诚实的态度。
- 通过定制化的反馈，提供资源和支持，不断地为团队成员提供附加价值。
- 向前推动变革的同时关注风险。
- 迎接干扰并利用它成为自己和团队创造新的解决方案的机会。
- 与所有利益相关者，如运营、财务、销售和营销、客户服务、人力资源一起分享领导力。
- 兼听则明，包括自己、员工、高管、客户和供应商的观点。
- 认为解决火烧眉毛的问题是变革领导者工作的一部分；同样，辅导他人提高解决问题的能力，为接踵而至的挑战找到创造性的解决办法也是其工作的一部分。
- 信心十足地与他人分享权力，不需要维护自我或者为自己开脱。
- 清楚变革领导力是在情感上吸引人们参与到变革中去，从而将头脑的逻辑与内心的情商结合在一起。
- 把变革领导者的角色看作智慧的推动者，而不是知识和权力的监护人。

从这个清单中，你可以看到，变革领导者的工作艰巨而又繁重！一位变革领导力大师注重承诺，渴望改变世界，他们的工作就是召唤英雄之旅，并将自己视为变革的一部分。

如何将变革管理者与变革领导者整合到一起

一直以来存在的问题是，如何成为一名把变革管理者和变革领导者整合到一起的变革领导力大师？

有各种各样的方法可以帮到你，其中有些想法可能是你所熟悉的，有些想法可能对你来说离题太远。我期待你保持开放的心态，选择适合你的资源和方向。

我将在第 4 章分享一些不寻常的工具。嗯，对了，它们对你来说也可能不那么“不寻常”，毕竟你是一个变革领导者。

首先，你必须了解你是变革管理者还是变革领导者，因此接下来不妨做一个快速测评。一旦有了自我评估，你就能知道你需要采取什么样的行动可以提升相应的能力。

变革管理者 / 变革领导者测评

1. 当面对个人变故（离婚 / 换工作 / 生病）时，你会：
   a. 首先抵制接受，然后再想办法应对；
   b. 在没有弄清全部事实的情况下，就对这一变故找碴；
   c. 急切地预测因变故而产生的发展和机遇；
   d. 焦虑和担心超过了变故的影响。
2. 在你看来，处理变革的最佳方式是：
   a. 处理事实的同时保持逻辑性；
   b. 分析影响，评估风险，并掌握支持变革的数据；
   c. 着眼大局，制定出最简单和最快的方法进入下一阶段；

d. 在形成意见之前，先看看变革是如何影响他人的。

3. 当你面对整个公司需要进行并购这样一个重大事件时，你会：

a. 做出计划、流程，并列出每个人都需要做什么；

b. 保护公司并降低风险；

c. 组织一个公司范围的会议，并提出迫切需要变革的必要性，征求每个人的想法，然后分享下一步的步骤；

d. 与高层领导者分享，尽量避免公司其余的人得到即将变革的风声。

4. 公司员工奖励的方式由注重资历转变为注重绩效。你对这种改变有何感想？

a. 你会生气——他们不知道你在那里工作多久了吗？

b. 你会研究新的奖励制度，并计算对自己和其他长期任职同事的影响，方便对这个变革提出异议；

c. 你会庆幸这一变革，因为不管你资历如何，你都对自己的业绩有信心；

d. 你会无动于衷，又是老一套，公司又在折腾员工了……

5. 你们公司有很多 X 和 Y 世代的员工，他们希望人事部门制定一项政策，允许所有员工每周在家工作三天。你会：

a. 担心如果一周三天都在家里工作，人们的工作效率会受影响；

b. 你将从财务和客户服务的角度来研究这一变革的成本和对公司的影响，并详细解释为什么它不可行；

c. 你很乐意每周在家里工作三天，因为这样可以让你的时间更加灵活；

d. 你会马上想念大多数人在办公室工作时的氛围。你会为此感到难过，因为你喜欢在办公室工作，而不是在家里工作。

如果你对问卷所选择的主要是 a 和 b，那么你更倾向于变革管理者的做法；如果你回答的大多是 c，那你主要采用的是变革领导者的方法；如果你回答的大多是 d，那你对整体的变革就没有兴趣，而且无意识地倾向于维持现状。

这个测评主要是重建你对自己目前状况的认识，并用新的意识水平制定成长目标。

我非常幸运地与许多成功的领导者和企业家一起工作。最近，我的一个客户想彻底改变公司的发展方向，这个客户是奥米特通信公司（Omnitel）。在过去的20多年里，它一直是一家电话公司，经过近几年的发展，它意识到现在可以把自己定位为一家科技公司。

这一品牌身份的改变导致整个公司需要彻底的转变，并重新制定战略。

我采访了奥米特公司的两位高管乔希·赫维姆（Josh Hveem）和加里·斯库塔努斯（Gary Schotanus），他们知道需要做的变革以及如何利用变革领导力工具来帮助公司转型。

这次访谈取得了极好的效果，让我们洞察了在领导公司走向新的方向之前，个人需要如何做出思维模式上的改变。当整合了变革管理流程后，变革领导者能迅速有效地影响变革。

奥米特公司高管乔希和加里访谈录

谢丽尔：由于行业的变化，你们被迫经历了哪些变革？

乔希/加里：我们发现整个行业都在迫使我们做出重大的组织变革。我们有一个资深的领导团队，他们是公司宝贵的资产。然而，当市场变化需要更快的策略应对时，我们必须重新评估是否拥有合适的人才。在我们的案例里，我们做出了艰难的决定，让一些团队成员离开。有时候，当巨大变化发生时，成员不得不离开。在一年前的变革领导力战略规划会议之后，很明显，一些人必须离开。我们看到，关键的领导角色对于保持竞争力至关重要，我们必须保证“合适的人坐在合适的位置上”，这样我们才能朝着转型的方向前进。

我们在全公司展开了员工调查，就是为了获得领导层变动前后的坦率反馈。我们非常注重建立关系，让员工知道我们听到了他们的声音，我们为他们提供了很多支持，花了很多时间让每个人跟随变革一同前行。

当我们进行变革时，公司几乎在一夜之间就转型了。之前人们认为作为高层领导团队的我们甚至无法完成四分之一的实际计划。之所以会有这样的看法是因为在过去，我们没有合适的领导者在合适的位置进行跟进。

谢丽尔：当你们在高层领导团队进行变革时，你们在获得全公司所有利益相关者的认同方面又做了什么？

加里/乔希：在高层领导团队进行变革，产生了更深层次信任的预期效果，因为我们把调查中得到的员工反馈铭记在心。然后，我们立即着手对所有员工的角色和能力重新配置，以便更好地将员工技能与工作职能相匹配。我们花时间在项目规划上，遵循变革领导力的计划，通过与所有员工举行一对一的面谈和个别辅导来了解他们对公司变革的反馈，然后我们让员工知道走向变革需要做什么。我们沟通了时间表，并且在变革的每个阶段都保持持续的沟通。作为一家在乡村社区众所周知的公司，要进行重大变革需要顽强的意志。除了我们的员工，我们还需要向社区传递积极的信息。因为我们变革的重点是为社区提供优质的客户服务，社区必然响应积极。我们对变革涉及的所有人员都持关怀的态度，如客户、那些不得不离开的同事以及对我们承诺要改变的员工。然后，我们通过制定绩效标准，创造一种快乐绩效文化，朝着转型方向前进。

谢丽尔：为了推动贵公司转型，人们改变了哪些思维模式？

乔希/加里：在高层领导团队决定做出重大变革之前，我们分析了员工调查的结果，发现目前的领导团队并没有想去做必要的改变，也没有朝着我们期待的方向进行相应的思维转变，即从一家电话公司转变为一家完全的技术公司。

当我们与前高层领导团队会面时，我们一致认为我们需要有更高的标准来对公司的转型负责。那些还没有准备好且不能够转换思维的高层领导者，即承认自己不愿意或没有能力成为变革领导者来推动事业向前发展的领导者，他们自行选择离开工作岗位。为什么？因为员工调查明显地显示出他们需要能向前推进的领导者。

所有员工都需要的思维模式是专注于进步、担责、客户价值和团队合作。我们重组了高层领导团队，使团队中的每个人都有着变革领导者和转型的思维模式。

重组的高层领导团队向员工们对未来的愿景做出了承诺之后，得到了热烈的响应——比如，那些曾经被限制在某个职位的员工，他们有很大的潜能却从未得到过机会。现在，随着变革和创新能量的释放，整个公司充满了新的能量和关注点。

谢丽尔：你能举一个作为关注转型所做的结构化变革的例子吗？

加里/乔希：我们意识到，如果我们转向基于绩效的企业文化，我们就需要将绩效考核流程转变成问卷调查的形式，其中包括关注员工想要做什么。我们说："让我们烧掉组织架构图吧。"我们提倡把兴趣和能力结合起来，并付诸实施，我们现在就有了更多快乐的员工。我们一起贯彻实施把工作和兴趣结合起来，不是由高级领导层发号施令，而是全员共同创建组织章程——一起改变公司，共同创造愿景。

谢丽尔：在引领奥米特从一家电话公司转型成为一家科技公司时，你们每个人都做出了哪些个人思维模式的改变？

乔希/加里：对于我们每一个人来说，思维模式的改变没有那么大，因为我们不是以前的那种终身制和应享权力文化。我们更多地处于外围，与电信过去的问题不相干，我们也不参与过去的日常琐事。我们都有相同的思维模式，那就是不找借口！

我们把时间和精力集中在不断地训练员工认同新的绩效思维模式上。许多障碍已经被打破，当然，以前的思维定式中仍然存在着不信任，而转型还没有结束。

因为任何一场胜利，我们都有这种思维模式，在沟通公司愿景并让每个人都专注于新的文化时，我们都必须保持警觉和谨慎。我们的观念是我们共同工作，一起全情投入！

加里：我来自一家科技公司，因此我引进了一个成熟的技术公司运作的思维模式。当我刚到这家公司时，我遇到了前所未有的困难，因为它之前的文化思维模式都基于自己是一家电话公司的定位上。这种限制性的视角在竞争中给我们带来了许多挑战。我们现在专注于不断地创新，为我们的员工和客户不断地增加价值。

我们现在希望团队成员，包括我们自己，成为问题的解决者和创新解决方案的提供者。我们必须与公司的每一个人分享新的思维模式，随着这种新的文化意识的深入，我们正在看到不断持续的变革。随着业务的转型，我们已经为自己可能遇到的问题做了界定和准备。这是关键，我们不只是谈论需要发生的变革，我们还为变革制订项目计划，沟通交流变革的进展，并最终得到了支持。

谢丽尔：在实现战略方向上的许多改变后，你们还取得了哪些令人兴奋的结果?

乔希 / 加里：最令人兴奋的结果是隐藏的宝藏露出了水面——你想评为 A 的团队被评为了 A+，这个团队的成员觉得他们是公司未来至关重要的组成部分，并且他们想要帮助每一个人都取得成功。现在公司的每个人都变成了“分享者”，如果没有 A 团队，我们就不可能做到这些。我们曾经在他们不了解情况时，要求他们相信重大战略变革。在过程中的沟通和信任很重要——当变化发生时，他们的表现是：“我不敢相信这一切发生了！”他们不相信自己的投入正在产生变化，然后开始想“下一步该如何做”，担心没有经验运营这样一家基于绩效的新公司。当我们真的做出改变时，人们感到害怕很正常，因为我们进入了一家充满不确定性的时期，但同时也存在大量的令人刺激和令人兴奋的事情，因为我们都在努力向前并创造新的东西。

人们被迫加紧行动，而且他们做到了，这真是令人兴奋！我们告诉他们正在处理管理层/领导层的问题，现在我们都期望做得更多。他们挺身而出，“想”做更多的事情，因为他们看到了变化，相信我们会“言出必行，说到做到”。公司不仅在内部领导变革而且在社会中领导变革，他们希望成为公司变革的一部分。更令人兴奋的是，我们看到了那些你认为有能力但过去没有自主权和机会付出的人；看到了充满喜悦泪水的人们、那些心怀感激挺身而出的人，他们心甘情愿地和你站在一起。他们理解这项艰巨的任务和要承担的风险——我们真的将风险置于身外，因为我们为了更大的利益而甘冒风险。为了公司和员工更好的发展，我们还需要处理一些制约因素。总之，我们很高兴看到一个有着15年工龄的员工有机会发挥他从来没显露过的天赋和技能，得到全体员工的认可真是太令人激动了。令人兴奋的还有现在我们经常听到“我能帮什么忙？”每个人都在为成功而努力。

谢丽尔：对于你领导的团队来说，当关系到公司方向和定位的变化时，你发现什么是最大的挑战？

加里/乔希：我们还有很多工作要做，这段旅程没有终点。挑战之一是继续关注我们正在走向何方——我们有正确的态度，但产品和服务以及大量的学习和教育方面的业务在不断变化。我们的团队现在正在“经历”持续的变革，这既是公司的一个挑战，也是一项伟大的历程。例如，我们正在改造我们的主营业厅。我们知道客户服务团队很紧张，所以我们和他们谈了谈他们的恐惧。我们向他们保证，我们将一起学习，一起面对。客服团队当时就红了眼眶，原因仅仅是我们说的是“我们”而不是“我”或“你”。他们知道了我们是他们的坚强后盾。而在过去，他们孤立无援并承受压力，然后自生自灭，而现在我们为他们提供支持系统。我们面临的挑战是，在推动转型中如何继续赢得信任和关怀员工。

谢丽尔：为什么你认为团队中的每个人认同愿景如此重要，你会做什么事情来让所有的团队成员都参与到愿景和战略中去？

加里/乔希：我们的优势也正是我们最薄弱的环节。随着我们帮助员工成长，他们就成了有影响力的人，也成了薄弱环节上的典范。一对一沟通的过程是一个持续不断的活动，即使有了这一切，我们也可能会有一些掉队的成员。我们积极地进行团队合作，保持活力，专注于目标并一起工作。

我们定期与团队会面，为他们提供情境支持和指导。我们大约还有六个月的时间进入主要的变革期，但仍有一些人面临着旧习惯的挑战，我们在这个环节指导他们，提醒他们，动员他们，向他们提问，鼓励他们提出问题并提出解决方案。我们动员每个人参与得越多，就越容易创造出所需的客户创新。这对于我们营造开局之势至关重要。

谢丽尔：在你领导公司变革的时候，你问自己和别人什么类型的问题？

乔希/加里：我们怎样才能精简机构和提高效率？这样的问题让他们能参与提出解决方案并感到自己成为未来的一部分。

我们正在让我们的员工学会提出"更好"的问题，如：

> 我们如何能成为行业内最佳客户关怀的公司？
>
> 我怎样才能为这个问题带来创造性的解决方案？
>
> 我怎样才能更具团队精神呢？

谢丽尔：展望未来，你认为，为了满足市场需求的变革为整体业务带来的机会是什么？

加里/乔希：高层领导团队协同配合——你需要能互相激励的团队，你需要一个能够彼此合作的团队，一个有知识并具有正确思维模式、共同工作的团队。

> 没有自我的空间，只有能量和思想的贡献。

一个伟大的团队里没有自我，因为团队伟大不是因为个人，而是因为团队从等级制转变为共同领导。

让员工参与战略和决策。例如，我们发一份调查问卷给员工，了解他们希望新岗位招聘的人有哪些特质。我们有合适的人选，但我们做这个调查，是为了让员工们提前识别新同事的特质。然后我们可以说“你”帮助选择了这个人，这样就增强了团队合作的信心。

谢丽尔：转型正在进行中，你们接下来要做什么？

乔希 / 加里：我们真的希望创立一家我们现在想成为的公司，并且希望利用公司的团队方法提高我们的销售和服务水平。我们现在有合适的人才帮助我们培养客户，提出创新的解决方案，并使业务多元化。我们要感谢你，谢丽尔，因为作为顾问，你就像催化剂一样帮助我们确定了公司的发展方向，勾勒了战略发展蓝图，并为我们建立了实际的项目计划，然后加以实施。

在与乔希和加里的访谈中，他们展现了作为高层领导者令人惊叹的思维模式。此外，他们采取的组织架构和措施，使公司业务与整体员工团队一起成功转型。

他们俩颠覆了现状，并采取了必要的行动迈向转型。变化本身可能就具有颠覆性，但领导者如何看待颠覆以及采取什么样的应对方式，为所有人创造新的成功才是变革的应有之意。

生活就像一辆10速的变速自行车，我们多数人都有变速齿轮装置却从来不用。

——查尔斯·M.舒尔茨（Charles M. Schulz）

The ~~Art~~ of Art

~~Change~~ Change

~~Leadership~~ Leadership

第4章

提升领导力运行系统，成为推动转型的变革领导者

在 2015 年完成的全球展望调查中，其中有个问题是：哪个领域的领导力最受信任。这个问题的回答依次是：

- 非营利组织和慈善组织；
- 企业；
- 教育；
- 国际组织；
- 医疗保健。

新闻媒体、政府和宗教团体排名最低。这项调查的结果清楚地表明，一般公众可以确定他们对各个领域的信任程度。现在各部门和各行业的转型需求要比以往任何时候都要高。

接下来的调查问题是，需要具备什么样的变革领导力技能才能赢得信心和信任？普遍认同的技能需求包括：

- 全球跨学科、跨领域的视角；
- 长期规划；
- 较强的沟通能力；
- 社会公平和福利优先于财务增长；
- 同理心、勇气、道德和合作性。

从中脱颖而出的领导者类型，是拥有升级的领导力运行系统的领导者。升级后的领导力运行系统从对立或竞争转向“竞合”，即竞争与合作的融合，是一种专注于综合解决方案的思维方式。升级的领导力运行系统的思维模式，结合了激发能力和斡旋促成能力，提出相互都能接受的解决方案，在最终做出决策之前充分考虑其他人的想法和观点。

这种新的思维模式需要灵活性，并愿意专注于所有人的利益，而不是个人私利。

我们如何提升领导力运行系统？那就是意识、训练和实践。

在最近的一篇题为“商业内幕”的文章中，未来主义者费斯·波普康（Faith Popcorn）预测了一个相当遥远的未来。在此之前，波普康还预测了居家办公和无机构、无国界工作的现象，在过去 10 年里这些都均已实现。她对 2025 年的预测包括技术将不再是工具，而是我们的一部分。这是真的！植入人体的微芯片是真正升级的运行系统。如果这种预测让你觉得自己好像在电影《少数派报告》（*Minority Report*）或《黑客帝国》（*The Matrix*）中看到过，那么你并不是唯一有这样想法的人。

对于植入芯片的预测，你的想法是什么？你会立刻陷入一种消极的想法，如“我不可能这样做”，还是你会去好奇地想“那会很酷”，或者你马上想“我要订购”？

全新升级的领导力运行系统能使你成为一个变革领导者，从任何形式的抵制行为中跳出来，并以更快的响应速度来实现变革。它让你从想着“不是我”，到以比以往更快的速度说：“当然，让我们核实一下！”

趋势观察家和其他未来学家也证实了波普康的预测，就看看今天的孩子们吧，他们就是新职场未来的员工。他们在学校用平板电脑和个人设备学习，他们使用触摸屏技术与世界各地的同学们联系，仿佛他们天生就会利用技术并使之成为自己的一部分。当我写《101 种让 X、Y 世代和变焦者快乐工作的方法》一书探讨不同世代时，当时的研究证实技术是职场真正的差异化因素。被称为 Z 世代的人（出生于 1995—2009 年的人）是完全将技术解决方案和人整合在一起的一代人，我常说，如果你害怕 Y 世代的人，那就更害怕 Z 世代的人！

本书中提到的升级领导力运行系统没有涉及植入芯片，尽管在撰写本书时，苹果手表刚刚发布。

波普康还预测，到 2025 年，机器人将取代三分之一的就业人口。她设想这将允许人们在多个行业从事多种复杂工作（类似于顾问），而且主要是在家办公。要想完全适应机器人取代人类工作的现实，以及人们在多个岗位上为多个公司工作的现实，你认为思维的灵活性将如何变化？

为了变得更加灵活和足智多谋，我们需要升级领导力运行系统（思维模式），因为这些主要的技术和职场结构的变化将成为我们未来现实的一部分。

不断演化的思维过程

那么，你如何从现有的进化思维过程的水平，进阶到自我超越的水平，为新的领导力运行系统奠定基石呢？

为了实现驱动转型的变革，作为领导者的你，需要自我转型。

自我意识属于领导力内容之一，虽很少被人提及，但可能是最有价值的。自我意识是你能意识到的你的思想、你的观点以及你对他人的影响。

升级后的领导力运行系统中的自我意识已经发展到多视角意识。

前文我提到了爱泼斯坦博士和他的进化课程，帮助人们通过独特的健康应用进行个人转型，他在课堂上讲的基本概念之一就是 3A 方法。

3A 方法代表着：

- 意识（Awareness）；
- 承认（Acknowledgment）；
- 接纳（Acceptance）。

为了从你现在的状态转到你想达到的状态，首先你必须意识到什么在起作用，什么需要变化，哪些是变化的机会。例如，你可能清楚地意识到自己现在的思维模式并不足以支持你想要创造的想法，也不知道在这种意识水平下要干什么，或者你可能没有意识到自己是如何阻碍进步的。

你有没有经历过这样的情况：如果你总是对某些人说同样的话，那么肯定什么事情都不会改变。换句话说，你充分意识到你的行为模式总是会带来同样的结果。正如这句老话："重复旧的做法，只会得到旧的结果。"对你的领导力运行系统来说也同样如此。如果你继续保持和过去完全一致的思维模式，那就会继续得到同样的结果。一旦做出提升领导力运行系统的承诺，你就会对你的思维模式更加有意识，并意识到需要"走一条不同的路"。有一条谚语是这样说的：

第一回：我走在这条大街上，人行道上有个坑，我掉了进去；

第二回：我走在这条大街上，人行道上有个坑，我掉了进去；

第三回：我走在这条大街上，人行道上有个坑，我看到了，我掉了进去；

第四回：我走在这条大街上，人行道上有个坑，我看到了，我绕着它走；

第五回：我走上另外一条大街。

这条谚语正是对变革很好的隐喻：你有多少次和同样的人经历过同样的情况，并以相同的结果收尾？这是因为有人，也就是你，必须做出决定走另一条路。这就是我在分享提升领导力运行系统的概念时所指的核心理念。为了应对快节奏的变革，作为灵活性和适应性强的变革领导者，你需要以不同的方式思考。

我刚刚和一位 CEO 教练客户打过电话。电话中我们谈到她正面对团队中的某位领导者的挑战，她认为自己对这位领导者从以前的充满信心到现在的丧失信心，而这种想法让她很挣扎。我帮助她认清正是她的想法使她认为这个领导者对团队可能不再有价值。我们一起分析后发现，她与这位领导者的工作模式处于混乱和不清晰的状态，她的意识既包括她对这位领导者之前的看法，也包括她正在重复的想法，尽管没有证据表明她已经对引导这位领导者失去信心，通过一系列的提问，我帮助她确定了她只是对自己失去了信心。她因对自己缺乏自信心而感到不安，从而使她在面对这位领导者的挑战时，对其产生了怀疑和消极的看法。一旦她能够认识到她对这位领导者的想法是如何造成这种状态后，她就能够迅速转换到新的想法。她的想法从“这个领导人不能胜任工作”转变为“我需要弄清楚然后改变自己的想法，包括尝试多视角的方法”。运用多视角的方法看待问题的能力是一种新的思维战略，它是升级的领导力运行系统的一部分。

许多领导者已经发展了从他人的角度看问题的能力，而多视角的方法超越了这种能力。

多视角的方法是持有认识自我和自身想法的能力，也包括持有对他人思想的认识和洞察力，并且同时在头脑中展现所有因素的完整图景。

还是前面提到的CEO的例子：在当前的思维模式中，这位CEO只是从自己的视角出发，而没有站在这位领导者的视角以及考虑整体图景和大局的角度。后来，她发短信告诉我，在与那位领导者工作时她使用了多视角方法，他们之间的关系得以轻松推进，并为她和其他领导者的互动制定了新标准，为此她感到惊讶。她解释说，她更多考虑了那位领导者正在处理什么事、他是如何沟通的、他目前的挑战是什么，以及他的优先事项是什么。同时她也能从整体上了解公司的发展状况。所以，当她再次面对这位领导者时，她能真诚地为自己的做法道歉，她能够认同其他领导者的贡献，并聚焦于她和那位领导者都关注的相同结果，即推动业务向前发展。

你如何发挥多视角方法的技能？

每天练习使自己的思想觉醒：你的想法是否会增加价值，是使你进入一个更有能量的状态，还是给你带来担忧、焦虑或怀疑？

在接下来的几个星期里，当你独自一人或者和别人在一起的时候，注意你的想法——你是不是基本只想着自己？

监控你的想法——在和别人打交道时，你能否包容他人的想法和感受，并把它们融入你的整体思维里？

当你思想消极，或是专注于“错在哪儿了”而不是“对在哪儿了”时，别放过自己，寻找能帮助你转向更大格局的想法。

关键是要意识到你处在哪种状态，确认并关注你的想法。

确定你的想法，不管它们是什么；通过意识到你在哪里，你就可以做出转变。

当你感到沮丧时，要意识到那一刻你正在感受沮丧，接受它，然后要注意将它转到下一个想法。

当你感到愤怒时，要意识到你正在感受愤怒，然后要注意将它转到下一个想法。

下一步是承认你的想法并接受它。这与意识到不同。意识到是你正在把你的想法带进你的脑海中；承认是指你愿意让这个想法伴随着你并且能够接受它；接受就是你对你的想法所产生的结果负全部责任，一旦完全接受，你就可以选择一条完全不同的“大道”。

多视角方法是升级到新的领导力运行系统的关键策略。

大卫·霍金斯博士（Dr. David Hawkins）是我最喜欢的一本书《我的眼睛》（*The Eye of The I*）的作者。在此书中，他描述了不同的思想和情感所带来的不同能量水平。冷漠相对于愤怒是低能量，而愤怒比沮丧好。本书能帮助人们很好地认识到思想和情感的能量和力量。我创建了一个模型，可以简单地识别出与领导力有关的四种不同级别的能量，它被称为领导力意识的四个层级。

如图 4–1 所示，它是一个向上螺旋运动的模型，通过使用这个工具，你可以清楚地认识到你自己可能处于哪个层级，并有意识地转移到更高层级。

第一层级是个人。当某人处于个人层级时，他的想法是“为什么是我”，或者

“为什么只是我一个”，或者“为什么没有人能像我这样好”。当你处于第一层级时，你会感到孤独、麻木，甚至可能感到沮丧。

图 4-1 领导力意识的四个层级

这些想法是低能量的，会造成压迫和紧张，在这一层级上的语言很可能是屈尊的、批评的和带有评判性的。我知道本书的读者不会在这上面花很多时间，但其实作为人类，我们在这个层级上循环的时间很长。我们的目标是把大部分时间花在第三层级或第四层级上。

第二层级是责备。当有人处在责备这个层级上时，比把事情个人化会稍微好些，因为伴随第二层级的情绪是愤怒。然而，它仍然是低能量，因为它与无力感有关。这时的想法有“这不是我的错，是老板的错”或者“这不是我的错，是政府的错”，或者“这不是我的错，是父母的错”。在这个层级上你会感到沮丧，缺乏责任感，感到愤怒。这个层级的语言是指责性的、遮遮掩掩和防御性的。这个层级的挑战是你把精力集中在你无法控制的能力上。一旦你意识到自己处于第一层级和第二层级，你就能选择转换到第三层级了。

第三层级是学习。学习层级能释放巨大的能量。在这个层级，你的想法是“我能从这种情况或这个人身上学到什么”或者“我从这种情况或这个结果中获得了什么”或者“在这种情况下或与这个人在一起时，我如何才能将过去的工作经验应用到我的工作中，同时展望新的成功”。在第三层级，你通过整合变得逐渐有意识，承认你有能力去选择你目前的状态，并接受现实，同时专注成为一个终生学习者而不是受害者（如在第一和第二层级）。处于第三层级的能量是巨大的，而第四层级则具有更强大的能量。

第四层级是分享。在第四层级，你就好像是《黑客帝国》中的尼奥一样。当你在第三层级始终如一地选择学习时，就会看到价值和持续增加价值的好处，这就是分享。你在第四层级的想法是“我怎样分享我所知道的，来帮助他人成长”或者“如何分享我们的想法，为所有人提出更好的解决方案”或者“我怎样能给团队增加更多的价值，使之更有效率”。在第四层级，我们认识到了协作、概念共享和资源共享的巨大能量。当你处于第四层级的时候，它不再是关于自我，而是更多地从多角度关注为整体愿景和所有参与者创造美好的现实。就个人而言，在第四层级你会感到有活力，感到和周围世界有联系，目标清晰，你感觉到自己是在尽可能高的水平上贡献自己的天赋。

四个层级的领导力模式是一个超棒的工具，可以帮助你变得有意识，接受你和他人目前的状态，并承认（这与承担责任一样）和有意识地选择提升你的领导力运行系统。

新语言

除了升级领导力运行系统的领导者思维方式外，还有一种新的语言正在演化。这种新的语言就是一种鼓舞人心的、产生能量的方法，它能为自己并最终为他人增加能量。

从专制语言演化到包容性语言，从权威和权力的思维方式转变为分享成功和权力均等的思维方式，这是一个大转变。

只有使用这种新的领导力语言，才能激励和吸引今天的员工，并为未来的职场定下基调。

这种新出现的语言关注的是“我们”“我们的”和“共同的成功”，它着眼于未来和解决方案。升级后的领导力运行系统的语言的重点是“提升”能量，并联结所有的人。为了确保你正在使用这些新的语言，请在讲话、写邮件、发短信之前先问问自己以下问题：“我要交流的重点是所有相关的人都能有收获并受益的吗？”另一个重要问题是：“我怎样才能为这个人或这种情况带来更多的价值？”

升级的沟通技巧

除了领导力运行系统的新语言之外，还有其他部分需要升级。变革领导力大师有能力对自己的表现提出强有力的问题，并形成新的方式听取反馈。

收集他人的多种观点以改善自我

360 度反馈是一个包括来自你的上级、同侪和下属的报告，有时还有来自客户的评价的一个反馈过程。在这个分析报告里，你会了解你如何看待自己以及他人如何看待你。它是个人变革的有力工具，因为它专注于改善言谈举止和行动；它同样是组织变革和发展的有力工具。360 度反馈通过动员公司所有的利益相关者，如高管人员、部门、团队和员工个人来激励内部变化（如文化转变）。为了更好地适应不断发展变化的技术、趋势和期望，公司也可以从外部（如客户）获得反馈而受益。实施周期性的反馈将使你的组织具有竞争优势，并帮助不断改进产品和服务。

作为一名领导者，你可能已经参加过 360 度反馈，你是否喜欢这个过程取决于你如何看待评估，以及这个过程的执行效果。一位具有变革领导力的领导者不仅欢迎反馈，而且还把它看作提升自己的关键因素。提出好问题的技能对提升领导力运行系统是非常宝贵的。然而，当问题是关于你自己的表现时，反馈比较难以客观呈现。当你对 360 度反馈持开放态度时，就表现出了自我意识的逐步提高和开放的意愿。

此外，就自己的绩效表现提出问题，并做出透明管理，是变革领导力的典范。最重要的是，它鼓励每个人都看到，一个变革领导力大师不断学习和成长的过程是多么地非凡。

不论你是否建立了一个正式的 360 度绩效评估体系，你都需要从你的团队、同事和员工那里得到持续的反馈，从而提高绩效并提升你的领导力运行系统。

你可以在组织中将下面这个评估复制并粘贴到调查猴子（Survey Monkey）中，并以匿名方式收集反馈。我们经常在高管团队培训时这样做，并把它作为培训内容的一部分。了解自己的表现是一回事，从老板那里得到评价是另一回事，把 360 度反馈的结果融入你所采取的方法中是非常有价值的，这样你就可以把它作为一种工具来提升你的领导力。

变革领导力评估——360 度反馈模板

下面的评估模板是用来多角度评估我作为你的领导者在变革和转型方面的表现。请如实作答，并尽可能多地提供建设性的反馈和例子。

（问题 1~6 以 1~10 分计分，满分 10 分。）

问题 1：你如何评价我作为领导者，以一种鼓舞人心和富有远见的方式领导变革的表现？

问题 2：你如何评价我在适应市场变化或客户影响变化方面的能力？

问题 3：你如何评价我在变革中培训和指导你的能力？

问题 4：你如何评价我作为一名领导者，在为你提供工具和资源方面的表现？

问题 5：你如何评价我在团队中促进提出解决方案的能力？

问题 6：你如何评价我以激励的方式与你沟通的能力？

问题 7：你对我有什么具体的反馈帮助我成为一名更好的领导者？

问题 8：你有什么具体的反馈让我帮助你更有效地发挥作用？

如果你有勇气让你的团队和同事，甚至你的客户完成这项评估（针对不同的调查对象，你可以编辑和更改问题），你将从收到的反馈中获益良多。把它作为一个工具来使用，可以进一步提升你的领导力运行系统。

提升领导力运行系统工具 1：情商

精通变革的领导者最有效的工具之一就是掌控情商的能力。情商就是对情绪认知的能力，以及与他人的情绪状态建立联结的能力。

在领导变革时，你不能低估与变革有关的心理因素所引起的情绪反应。对持续和快速变革的典型反应是恐惧、焦虑和担心。不仅领导者会产生这些情绪，组织中的每个人都是如此。信不信由你，拥有高情商领导者的组织是更加具有灵活性和创新精神的组织。

加州大学旧金山分校的教授托马斯·路易斯（Thomas Lewis）、费尔·阿米尼（Fair Amini）和理查德·兰农（Richard Lannon）在他们的著作《爱的通论》（*A General Theory of Love*）中说，情绪是我们一切所为之根。在任何情况下，情绪都是人性的激发因素。人的大脑由两个系统组成：边缘系统（情感中心）和皮层系统（高级处理器）。边缘系统在大脑皮层或大脑逻辑部分之前处理所有输入的数据。在信息传递到大脑皮层之前，情绪控制着信息的语境。

人们一直忽略或轻视了情商的作用。IQ（即基于大脑皮层的智商）被认为比EQ（即基于大脑边缘的情商）更有价值。事实上，正是大脑两部分的整合，创造了新的升级领导力运行系统。

当你理解情绪的力量与领导变革有关时，你就学会了将情商作为一种补充的技能来使用，你的大脑的电路就是在重组。

情绪的力量可以改变解决方案。在《哈佛评论》（*Harvard Review*）博客上，彼得·布雷格曼（Peter Bregman）写了一篇题为“关于动机的故事”的博文，他提到了一个很好的例子来理解情绪的力量和身份认同：美国退休人员协会（American Association of Retired Persons，AARP）询问一些律师，能否把费用降到每小时30美元来帮助贫困的退休人员。这个请求很突兀，没有考虑到一名律师的自尊或情绪反应，结果遭到了很多律师的拒绝。该协会的领导层重新思考了这一情况，换了一种方式问律师们他们是否愿意作为志愿者为贫困退休者提供免费服务。这次，全体律师一致同意。为什么？

第一种询问方式漠视了律师们的劳动和身份的价值；第二次询问时考虑到律师们的情感现实并以请求的口气提出，律师们会问自己：“我是助人为乐的人吗？”而不是“我是需要把费用降到每小时30美元来工作的人吗？”

情商的四个组成部分是自我意识、社会意识、自我管理和关系管理。我们在本章的开头部分谈到了自我意识及其进化版——多视角意识。在本章中，我们还讲了有关自我管理的部分内容，如360度反馈以及驱动转型的变革领导者的语言。现在你可以在互联网上找到很多方法进行情商测试。我在为高管们进行情商相关的培训时，使用的是个人情商评测量表（Personal Emotional Quotient Meter，PEQM）。这个量表是通过一个特殊的访问代码进行的，最终的报告是一个四象限图表，显示出情商在每一个象限中的范围。它还提供了如何改进每一领域和进一步发展的指导方针。

提升领导力运行系统工具2：正念

最后我们要提的是，现在变得越来越普及的、用以提高适应变革能力的工具——正念。在过去几年中，硅谷的组织一直在进行正念练习，欧洲的公司在更早时期就开始了正念练习。

正念是一种意识工具，它能建立对压力反应的意识，使你的思想更为充实，帮助你接受自己现在的处境，这样你就可以轻松地向前迈进。

在这个智能手机、即时通信保持全天候不间断在线的时代，领导者们发现找到空闲时间并与自己建立联结变得愈加困难。现实情况是，科技时代创造了一种以非技术的方式与自己“复位”和“重新联结”更深层次的需要。

不需要冥想小工具，你所需要的只是访问你预先安装好资源的运行系统。

科学技术正在以有趣的方式被应用到一些冥想和正念训练中，比如，小到冥想计时器，大至完整的冥想程序。

在硅谷的一些标志性科技巨头（如谷歌、苹果、Twitter 等）公司中，正念练习的训练已经成为常态。

使用工具帮助人们平静下来、放慢思考的速度是硅谷的执念，因为在那儿的每个人都沉迷于速度。在最初几次的正念练习中，人们的反应是无所事事。著名的冥想导师卡巴金（Kabat-Zinn）如是说：

> 我们太习惯于这样做，以至于我们忘记了做人的要素。所以当我们沉浸其中时，等了一会，似乎什么也没发生。我有工作要去做，完成工作的最后期限快到了。你意识到自己是如何被驱赶着去做下一件事的。如果你一生都如此，你只会提前进入坟墓，你就没有真正活过。

我做正念练习已经有 20 多年了，刚开始的时候，我几乎不能安静地坐着。如今，我可以进行入静和冥想以及其他有意识的练习，如瑜伽或其他身体正念练习，这就是我在适应这个超快节奏时代变革中的秘密武器。

有些网站上有许多实用的应用程序可以帮助你进行正念练习，你还可以在网站上找到其他相关的工具。此外，我开发了一些正念练习，这是与爱泼斯坦博士共同合作创建的项目，我将在这本书的后面分享。

在史蒂夫·乔布斯的传记中，作者沃尔特·艾萨克森披露了乔布斯是如何使用正念的。除了乔布斯，Salesforce 的 CEO 马克 · 贝尼奥夫（Marc Benioff）和领英（LinkedIn）公司的 CEO 杰夫 · 韦纳（Jeff Weiner）也在有规律地练习正念。他们和其他高层领导都在进行冥想练习，并声称正念和冥想是他们取得成功的因素之一。

就连华尔街的精英们也在练习冥想和正念。桥水基金（Bridgewater Associates）公司的雷 · 达里欧（Ray Dalio）称："在我的生活中，冥想比任何事情都重要，它是我获得成功的最大因素。"

领导力运行系统的升级包括形成一种新的思维方式、一套新的习惯、一种新的生活方式以及以自我领导为中心的新承诺。新的领导力运行系统引导领导者更开放、更诚实、更透明，更正视自己的内心，与他人的联结也更紧密。

回顾本章，我们需要一种新的自我领导方式，而这取决于我们新的想法、愿意接受评估，以及终生学习和成长的意愿。一个新的领导力运行系统还包括提高情商和使用相应的工具来放慢大脑，以便更快、更敏捷地响应快速而无情的变革步伐。

另外，一些演化的新项目也有助于提升领导力运行系统，例如那些把重点放在作为未来和现在的资源的"能量"上。我在接下来的章节中将会阐述这些。

> 如果你的企业文化是对的，那么其他大部分事情就会水到渠成。
>
> ——谢家华，美捷步 CEO

The ~~Art~~ of

Art

~~Change~~

Change

~~Leadership~~

Leadership

第 5 章

变革周期转型工具

在第 4 章中，我们关注了成为一名具有升级领导力运行系统的、灵活且适应性强的变革领导者的重要性。提升领导力运行系统是能够通过变革成功引导自己和他人的关键因素。

在这一章中，我们将探讨变革周期模型以及如何用它来引导自己、他人和组织的变革。

想想最近你的生活中有哪些重大变化？也许是换了工作，也许是与他人的关系发生了变化，也许刚为人父母，也许有亲人去世了，也可能出现了健康危机，或者准备过一个意义重大的生日。每一个这样的变化都可能会影响我们的生活。通常情况下，我们感觉接受积极变化比接受消极变化要容易得多。我之所以说“感觉”，是因为我们观察事物的“滤镜”决定了我们如何应对它。一个意义重大的生日对某人来说可能是超级激动人心的，而在另一个人看来则可能是一件痛苦的事。

变革过程的顺利与否大多取决于我们如何看待变革。这就是为什么我建议大家都需要提升自己的运行系统，因为我们需要重塑大脑的思维模式，使其更有适应性和创造性，而不是依赖于大多数人在面对重大变革时典型的逃走或战斗的本能反应模式。图 5–1 中的变革周期模型显示了变革的阶段以及与每个阶段相随的思维和行为模式。

在我所创建的流程图中，变革周期中有六种不同的元素，每个周期都会呈现出影响自己、他人和企业独特的细微差别。许多人未能认识到或正确处理应对变革时的现实心理反应，这可能对员工和企业不利。

接下来，我们来看看图 5–1 所勾勒的六种变革元素的进展和影响。

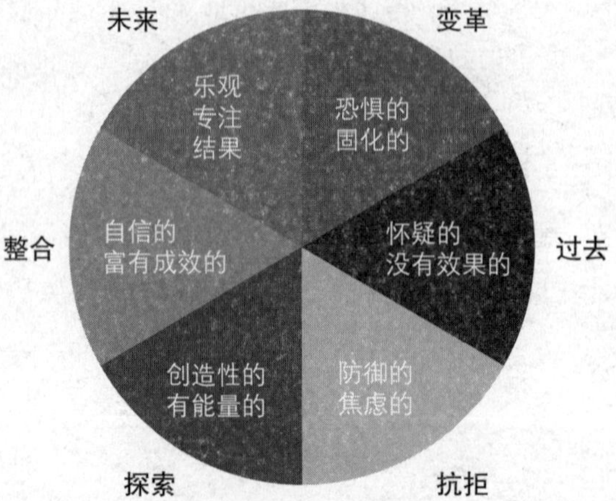

图 5–1　变革周期模型

变革

当变革（可能是持续的变革，也可能是快速的变革，或两者兼有）发生时，人们典型的第一反应是恐惧。还有其他不同的反应，每种反应都是由不同的关注点引起的，其中包括以下各节所概述的反应。

迷茫、困惑和提问的需求

当人们克服最初对变革的震惊或惊讶时，第一个反应往往是提问，因为他们有了解为什么有些事会发生的需求，并希望更好地理解“为什么”。

做出反应的人觉得他们是否可以信任，或者是否被告知了正确的信息，这取决于问题的回答方式。大多数人之所以提问是出于对变革安全性和个人的考虑。

提出问题也是寻求对自己和他人予以支持或公平对待的保证。人们觉得如果他们不能改变即将发生的事情，至少他们觉得应该受到公平对待和尊重。组织变革领导者利用公认的公平的方法和流程，能比其他人更成功地进行更大的变革。

当你在变革中处于回答问题的一方时，问题往往是一个来了解他人想法和心态非常有用的窗口。作为一名变革领导者，倾听问题背后的需求，对人们关心的问题充满同情心和耐心，用真实、诚恳和关心的态度来回答他们所关切的问题，这也让你能够开始帮助人们看到变革的价值，并帮助他们用变革领导者的方法去改变自己。

了解变革对人的影响的需求

作为相互联系的个体，人们还将探求理解变革及其结果会如何影响他人，那将关系到朋友和同事的福祉。当人们没有受到变革的负面影响，而与他们一起工作的其他人却受到了影响，那么人们可能会感到内疚。为了保护自己的利益，人们可能会参与办公室政治。与这些相关的消极行为往往是八卦、陷害、站队，而与这些反应相对应的积极行为包括提供支持、训练指导和引导他人。

几年前，我在一家抵押贷款保险公司工作，当时这家公司在全国范围内裁员50%。于是公司申请联邦破产保护，急切地寻求重组。当时我是一名区域经理，被要求留下来帮助管理过渡期。我在那段时间感到难以置信的内疚，因为和我共事过、为公司打拼多年，甚至比我在那里工作的时间还长的同事都被打包出局了。

我对这一变革的回应是帮助那些将要离开的人找到新的工作，获得就业支持。尽管如此，在过渡时期的那段日子里，我感到悲伤、内疚、毫无成就感，而且印象很深刻。我熬过了三个月的过渡期，然后向老板提交了辞职信。我无法按照他们希望的方式来管理变革，即继续向那些仍然在公司工作的人保证他们会继续留任，但我知道他们不会的。那次经历给我的教训就是让我知道在重大变革里有什么不能做。

下意识反应。有些人在受到改变的威胁，特别是高风险的影响（如失去工作）时，就会立即更新简历并开始寻找其他工作。尽管变革还处在收集数据、评估风险和潜力的阶段，这种下意识反应可能会使人们在面对变革之前慌忙地跳船。这是自我保护的一种形式。此时最重要的是确保你作为个人，得到了所有可能得到的信息，这样就不会做出匆忙离开的决定。从变革领导者的观点来看，这是一个脆弱的时期，如果你没有集中精力让他们参与并通报整个变革情况，你可能就会失去优秀的员工。我在抵押贷款保险公司的时候，等了三个月才决定离开。我每天和我的老板唐娜交谈，当做出离开的决定时，我已经帮助了团队成员并评估了我的选择。

模棱两可的反应。人们的另一种反应是，低着头，祈祷自己没有被注意到。他们不会去捣乱，也参加会议，但向他们征求意见时他们总是回避，他们做出模棱两可的回答是担心自己被注意到。他们会祈求好运，希望管理者在确定被裁减人员时会将他们当作可靠有用的人而略过。

主导变革反应。主导变革反应是解决方案的一部分，而不是问题的一部分。主导变革的人想要参加所有的活动并做被要求的所有事情。他们是支持者和协作者。在引领变革时，他们关注的是创新和未来，以及提供资源帮助每个人。

主导变革反应是给你线索，让你知道你可以影响谁。在整个变革周期中你需要有效地利用这些人。

过去

这是变革周期的第二个阶段。一旦发生了变革，人们就会情不自禁地对过去恋恋不舍，并与过去的工作方式做比较。一些人会美化过去、维护过去，因为对他们个人来说更喜欢过去。这些行为会有意识或无意识地破坏未来的变革。通常，当人们将重点放在保护过去时，就会产生消极对抗的行为。变革领导力大师会认识到，过去成功的故事和价值可以作为团队和组织的参照点。此外，过去成功或失败的信息都可以用来帮助指导变革。为过去的经验和现在的变革搭建通向未来的桥梁，是变革领导力大师所使用的一种技巧和技能。我将在本书后面更详细地介绍这一内容。这是一种独特的进化方法，可以通过使用过去 / 未来的方法确保更大的群体认同，从而提高变革的成功率。

抗拒

变革周期的第三阶段是对变革的抗拒，这不同于变革反应。正如前面提到的，许多人依恋过去的工作方式。有些人可能会质疑变革的真实性和有效性，他们可能会认为变革没有意义，或者事先没有进行足够的研究，或者可能只是简单地拒绝主动变革，这些都是因变化导致的焦虑和防御行为。对变革的抗拒是受变革影响的员工产生的一种情绪和行为的反应，他们在现实或者想象中感受到的现有工作程序的威胁。组织必须引导变革并管理变革中的阻力。

人们抗拒的理由有很多，典型的理由包括以下几种。

害怕失败

人们会因为害怕失败而抗拒变革。快速的变化以及较大的结构和文化的变革都会使人怀疑自己的能力。害怕失败会增强自我怀疑和降低自信心。当某人害怕失败时，就会阻碍他的个人成长和发展。这种恐惧也会导致一个人反对变革而忽略变革带来的潜在利益。变革领导者的艺术就是成为支持者，发现阻力，并提前减少它。

丧失地位或等级

对地位丧失的恐惧来自自我。人们变得依附于他们的工作或岗位，因此当结构和文化的变革威胁到人们的有利地位或岗位时，常常会引起强烈的抗拒。通常，企业重组和架构重新调整可能涉及管理职位的取消。如果人们在组织中的既有权力和地位会因变革而削减，那么他们将抗拒改组和其他相关的变革计划。变革领导者可以通过公开讨论变革对当前状况和未来的影响，来描绘未来的机遇和协作的愿景，以减少这种阻力。

没有明显的回报

当人们在改变日常工作后无法看到积极而迅速的回报时，他们就会抗拒。只有当看到他们的工作有积极的改善后，人们才能欣然接受变革。员工不太可能支持无法解决工作量或资源问题的变革。变革领导者在和团队制定变革策略时需要考虑这种阻力——他们需要把奖励纳入变革计划中。变革领导力大师还需要在变革过程中开放性地提供资源和支持。

组织文化规范

另一种类型的阻力是不愿违背公司的共同文化或规范。每家公司都有自己的组织文化或规范，还有既定的规则，包括显性的和隐性的。现有的文化规范可能与变革背道而驰。团队会通过制定一系列指导成员行为的规范来强制执行。但是，遵守现有的规范可能会阻碍员工接受未来的组织变革。如果既定规范与所期望的变革需求相抵触，那么变革领导者必须公开解决。而想要改善组织的结构和文化规范，则需要变革领导者去积极推广。

改变常规模式

抗拒的最后一种形式是大多数人都在与之抗争的一种形式，即放弃他们已经习惯做的事情。人是一种习惯性的生物，很难放弃不再适宜的重复性工作和例行程序。一般来说，人们喜欢待在他们的舒适区里，从而倾向于抵制迫使他们走出舒适区的组织结构和文化变革。新的变革需要人们投入更多的时间和精力去学习新的职能模式。变革领导者的领导艺术在于提供令人信服的理由，即说明新方法更有效、更节省时间，将产生新的结果并帮助人们学习和成长。

探索

在抗拒之后，变革的第四个阶段是探索。在这个阶段，变革领导者不是救火、处理紧急事件或保持人们的注意力，而是开始施加能量，更多地增强人们向前的意愿。此时，每个人都会意识到变革是不可避免的，他们接受变化的发生，然后变得精力更充沛并创造一切可能，这正是我在第 4 章提到的 3A 方法的强大功能：

意识、承认、接纳。在探索阶段，参与变革的大多数人已然接受了变革，人们就如释重负般地松了口气，开始渴望学习和成长。在探索阶段的行为包括：注意个人行为并确定人们何时处于变革 / 反应阶段和抗拒阶段，对回应变革和影响他人的行为负责，提出专注于未来和解决方案的问题，并调查新的变化给自己和他人带来的机会。作为变革领导者，我们在探索阶段要学会控制能量的释放，将重点放在确保团队专注于探索阶段，避免滑向抗拒或反应阶段。当变革领导者看到有人从探索阶段后退时，需要为其提供培训辅导、资源支持和激励，让团队的大部分人专心致志地推动变革。

整合

变革周期的第五个阶段是整合。这一阶段的能量更高，因为大部分团队成员现在已经完成整合。此时，变革领导者需要提供指导，帮助个人提升自我组织技能，如个人意识、变革领导力方法、变革周期转型工具和个人责任感。由于变革领导者持续不断地沟通，团队开始整合过去，克服阻力，发挥创造力和活力，也使得团队成员信心十足和富有成就感。在整合阶段，每个人都不仅被纳入了变革，而且亲身参与创造一个积极的未来，推动变革向前。变革领导者把自己的时间投入到每个成员身上，帮助他们克服阻力，提升适应力，最终成为变革领导者。在整合阶段的个体行为是这样的：提出头脑风暴式的创意解决方案，团队合作，为成功而互相支持，更少关注自我，更多关注为所有人的利益创造积极的变革，专注于成长和学习，寻找资源和工具来帮助团队和整个组织。

未来

变革周期的最后一个阶段是未来阶段。随着整合阶段的完成和团队的大部分成员扬帆起航，团队如今变得乐观积极，完全关注未来，并致力于获得新成果。在未来阶段，重点是实现战略的最大化和未来新计划的目标。团队中的大多数人都已就位，变革领导者需要做的就是识别哪些人能对其产生影响，哪些人是能够从个人层面上整合变革周期的变革领导者。变革领导者要赋权给这些团队中的变革领导者，使他们成为团队的支持者、教练和资源。变革领导者推动变革的策略制定，同时确保人们保持沟通交流，对变革的进展进行里程碑式的更新，并积极提醒人们展望光明的未来。那些在未来阶段的循环行为表现包括：不断地激励团队，给团队带来幽默和活力，观察是否有人可能退回到抗拒阶段或否定变革努力的迹象，一旦发现，就立即为整个团队提供指导和支持。

变革周期开始后，每个人都以不同的速率循其运行。每个人的适应的程度与他们的个性风格、过去经历的变革以及他们的世代属性有关。变革周期就像一个车轮，而变革领导者的作用就是要确保车轮在不停地转动，并随着一项变革计划的实现，而开始新的变革周期的循环。变革领导者对变革艺术掌握得越娴熟，整个循环就变得越容易引导，在抗拒阶段耗费的时间就越少，从而在探索和整合阶段投入的时间就更多。

变革周期模型是一种有价值的变革领导力工具。作为变革领导者，你首先要评估一下自己现在处于变革周期的什么位置。如果你愿意承认你处于循环周期模型的右边位置，那就意味着你还处在变革、过去或抗拒阶段，此时你就要利用觉知工具将自己转移到循环周期模型的左边位置。

有时你会发现，自己可以快速并很容易地到达个人或职业变革周期的探索、整合和未来阶段，而这通常取决于你当前所处的状况。在其他时候，你可能在变革周期的变革、过去或抗拒阶段停留的时间比你预期的更长。

为了让团队的其他人保持一致的速度，你需要把他们纳入变革管理中，并指导他们掌握自我调节和适应不断变化的技能。

关于适应变革和促使你的团队成员适应变革，你需要问以下问题：

- 我现在处于变革周期的什么阶段？
- 我在这个阶段的表现如何？
- 我被困在这个阶段了吗？为什么？
- 我要做些什么才能从这个阶段进入下一个阶段？
- 我的每个团队成员现在处于变革周期的什么阶段？
- 这对他们的绩效产生了什么影响？
- 我是否指导过每个团队成员如何应对持续的变革？
- 我是否始终如一地通过变革周期来指导团队成员？

这些问题对识别情绪和心理方面的问题进而更好地应对变革都非常有帮助。通常，当我们面对挑战时，会低估自己经历的过程。大多数时候，我们也会低估团队成员经历的过程，低估他们每个人如何以独特的方式处理变革的动态特性。

每个周期都有其目的，并且是转型过程的一部分

周期的每个阶段都有其目的，每个阶段都有助于向前推进变革。

我最近有幸采访了加拿大航空公司的全球销售副总裁邓肯。在采访中，我请

邓肯解释他是如何使用变革周期中的各个元素来进行大规模业务转型的，从而彻底改变了这个世界一流航空公司的客户关怀和员工敬业度。

加拿大航空公司全球销售副总裁邓肯访谈录

谢丽尔：作为一名成功的高管，一名转型的变革领导者，你是如何发展自己的个人领导力运行系统的？

邓肯：我来自西捷航空（Westjet）公司。这家公司以善待员工闻名，当我们善待员工时，他们就会善待顾客。但西捷航空公司毕竟是一家营利组织，这意味着雇员的报酬是基于绩效的。它根本上是机会文化而不是权力文化。作为领导者，我的关注点就是在这种环境中发展起来的，并秉持"成也团队，败也团队"的信念。随着绩效薪酬模式的建立，生产率的提高和改进与每个雇员的既得利益挂钩，最终都是为了让他们获得经济上的好处。当员工因其对公司成长的贡献而获得报酬时，在公司内部就更容易创造出一种企业家精神和变革智慧的文化。在我们的CEO卡林·罗维内斯库（Calin Rovenescu）的领导下，加拿大航空公司一直致力于将企业文化转变为绩效薪酬文化。绩效薪酬文化使加拿大航空公司取得了其77年历史以来最好的财务业绩。

我们有创纪录的销量，创纪录的利润，这归功于加拿大航空公司团队的思维模式的巨大转变。

谢丽尔：当你加入加拿大航空公司的时候，你用什么方法让每个人迅速加入你的团队？

邓肯：我做的第一件事是了解我们的团队都有什么人，并评估谁渴望成为引人入胜的未来的一部分，我们也确实做了一些初步的人事调整。基于西捷航空公司"成也团队，败也团队"的理念，我们建立了一支新团队，由来自内部和外部的才华横溢的人组成。我们引进了那些没有禁锢思想的人和具有高度创业意识和责任感的人。团队中的每个人都具备一项非常重要的能力，即决策能力。我的领导力格言是：做出决定，不怕失败，继续前进。许多人仍然固守在先前的自上而下的决策文化中，对于他们来说，这是一次巨大的变革。我们给人支付薪水是因为他们有能力做出决定和判断。但从历史上看，作为员工的他们曾经认为自己无法做出决定。我的发现以及我们的成功表明，当一线员工做出客户服务决定时，这对个人（授权）和组织（利润）来说是一个更好的结果。

谢丽尔：随着变革进行到授权一线员工做出决定时，最终的成果是什么？

邓肯：在西捷航空公司时，我的经验是一线员工比管理人员更节俭。这一点真是令人感动，因为在高管层，我们会简单地说"慷慨地满足客户的需求"，事实上，因为股东员工在基层工作，并且经常参与处理这种情况，他们会觉得一杯星巴克咖啡和一个道歉就能更好地解决问题。当所有员工都是股东时，他们每个人对公司都非常负责，这有助于他们做出明智和谨慎的决定。我们相信，当我们明智地投资和支出，并使顾客满意，员工此时就会感到他们是公司不可分割的一部分，并希望有所作为。

谢丽尔：加拿大航空公司是如何利用调查来监测什么措施有效，什么需要做出改变的？

邓肯：我们定期进行加拿大航空敬业度调查。当我刚到加拿大航空公司工作时，我仔细查看了先前的调查，然后发现很多人不够投入。另外，我收到了领导的电子邮件，要求我做一个区域级别就能做出的决策，这说明公司没有积极地把决策权下放到我下面的三个或四个层级。我们开始帮助员工改变思维方式，让他们像企业主一样思考和行动，做正确的事情，然后我们会像对待企业主一样补偿他们。加拿大航空公司在过去五年中经历了巨大的变革和转型，并将继续专注于打造一个以客户为中心的企业文化。有趣的是，我现在经常从别人那里听他们夸赞加拿大航空公司的进步真大。

谢丽尔：你认为加拿大航空公司的企业文化转型时所发生的主要变革是什么？

邓肯：我们的高层领导团队都是推动转型的变革领导者。卡林为建立高管团队、推动我们为客户和文化进行转型做出了杰出的工作。

其中一项重大成就是加拿大航空公司与飞行员之间签订的10年协议。这对一个工会组织是史无前例的，也是本·史密斯（Ben Smith）的巨大荣誉。他曾大力参与谈判，使得工会和管理团队能坐在了同一张谈判桌前。卡林和本都知道，让两组人都坐在桌旁对签署10年飞行员协议是至关重要的。这项协议创造了稳定，对员工层面和客户服务方面都是一个巨大的胜利。我们达成的每一个员工协议都为我们的客户提供了更大的价值。我们正积极寻求达成更广泛的协议，以便公司能够更专注地为员工和客户增加价值。汉莎航空公司就是由于缺乏达成协议的能力而深陷罢工的泥潭，这使得客户体验很不好。我们的董事长为达成所有的协议而亲自坐在谈判桌旁，进行公开和直接的对话，这对我们与工会顺利达成协议大有裨益。

谢丽尔：目前面临的最大挑战是什么？

邓肯：我们目前面临的挑战是让员工们相信他们能做决策。为此我们致力于提供教训和指导。由于帮助我们的团队成员成为决策者，转型时间比以往任何时候都快。我们是一家以绩效为基础的公司，为了证明这一点，最近我们把所有薪酬方案都调整成基于绩效的激励和薪酬方案。我们正在取得成功，并希望能复制2015年的辉煌，因为员工们已经尝到了成功和利润的甜头，这也提升了敬业度和一种“同舟共济”的态度。

谢丽尔：你所领导的其他变革是什么？

邓肯：我们现在的精力主要放在训练和辅导人们改变陈旧的思维模式上。在以往相当长的一段时间里，我们在领导力训练或培训方面没有那么多投入。我们认识到现在需要加大培训和支持的投入。我们正在看谁的确是团队需要的人，并找出技能差距。我们对不同区域内的所有销售团队进行重新安排，对他们进行领导力培训，确保每个人都能成为领导者，并以主人翁的姿态投身于各个层级。每位总监和经理都在进行领导力和销售培训，这的确对整个组织有帮助。我们还专注于将组织内的孤岛效应最小化并实现信息共享。我们整个团队每周都会召开电话会议。团队里有很多优秀的人才，每个人都很敬业和投入。

我们还创建了多样化的团队，团队既有外部的新聘员工，也有内部晋升的员工，这有助于增加思维的多样性和创新性。

谢丽尔：听起来你好像在推动加拿大航空公司的转型。还有什么补充意见吗？

邓肯：我来到加拿大航空公司有几个目标，其中一个大目标就是希望尽快为公司做出贡献，把它打造成为一个顶级职场。我们有很多值得骄傲的地方，还有更多我们想做到出类拔萃的地方。最终，我们希望创建一个由具有企业家精神的员工组成的团队，我们正走在朝这个方向前进的路上。

你可以从对加拿大航空公司邓肯的采访中看到，他确实是一名变革领导者。他整合了变革周期的所有要素，并着重让所有的团队成员专注于未来和解决方案。这次访谈是一个近距离观察变革领导者经历的很好例子：他遵循了变革周期，运用了转型工具，具有战略性并且持续地专注于为客户和员工增加价值。

文化不会因为我们渴望改变而改变。当组织进行转型时文化才会改变。文化反映了人们每天在一起工作时的实际情况。

——弗朗西斯·赫塞尔宾（Frances Hesselbein）

The Art of Change Leadership

第 6 章

帮助他人成为驱动转型的变革领导者

我在第 5 章中分享的变革周期是一个能让你了解自己所处的阶段，了解成为一名专注于学习、成长且着眼于未来的领导者的价值的工具。在本章中，我们将探讨作为一名变革领导者，你该如何帮助他人成为变革领导者，以及在创造变革领导者文化的同时，如何激励他人成为转型的驱动者。利用变革周期帮助和指导其他人提高与领导变革相关的能力，这是作为变革领导者可以做的最有价值的事情之一。

我的领导哲学是每个人都能够成为领导者。我在前文提到，美捷步公司已经接受了这一概念，并采用了无领导管理模式，在这个团队中，人们通过共同领导的方式来一起工作。未来主义者雅各布·摩根（Jacob Morgan）在 2015 年 3 月 19 日发布的一篇博客中探讨了无管理者公司这种现象。现在，一些组织正在进行这种转变，它们正在思考将“人人都是领导者”这一理念应用于业务运营中。像晨星农场（Morningstar Farms）、太阳液压（Sun Hydraulics）公司、维尔福软件公司（Valve）、英文写作平台 Medium 和戈尔公司（W.L. Gore）都走了这条路，所涉及的行业包括科技、食品制造和零售业。

从变革领导者的角度来看，无管理者的方法是未来的一种先进方式，让全体员工把自己定位成领导者，这样做增加了个人的自主权和责任感。无管理者公司也摆脱了阻碍快速行动的等级制度和僵化政策，确保其在当今快节奏世界中迅速转型。向无管理者公司转变的动机是希望建立一个更扁平、更灵活的组织。像金融业的 Tangerine 公司（前身为 ING Direct 加拿大）有管理者，但并没有分层级，也不关注头衔和内部角色。惠而浦公司（Whirlpool）也通过创建四种不同的领导类型来摆脱传统的管理者角色。在这种情形下，公司的所有员工都被认为是某种领导者（例如，如果你是新员工或初级员工，就可能被称为“自己的领导者”）。

如果每个人都是领导者，而这本书的要旨是变革领导者，那么这就会引发一个问题：变革领导者是天生的还是后天造就的？是的，在某种程度上，有些人天生具有领导才能，其个性也适合成为一名领导者，而对另一些人来说，领导力是后天发展起来的，我们可以通过培训、提供资源支持及发展技能来培养变革领导者！

领导力精进是一项技能，它既包括第 2 章中列出的能力，也包括将变革领导技能和变革管理技能相结合。

从本章的描述中，你们可能会推断出哪些伟大的变革领导者是后天造就的。

表 6–1 将这两个理论看作一个创造和帮助变革领导者推动转型的起点。

表 6–1　　变革领导者是天生的还是后天造就的

天生的变革领导者	后天造就的变革领导者
一些“特质”理论家认为有些人具有天生的领导气质和特征	行为理论家认为，人们可以通过培训、指导和积累经验成为伟大的领导者
就像一个天生具有音乐才能或运动天赋的孩子一样，该理论认为天生具有领导才能的人天赋异禀，并会在生命的早期表现出这些品质	就像学骑自行车一样，任何人都可以通过学习成为出色的领导者。该理论认为人们习得领导力特征和技能后，通过实践和应用，就能通向领导力精进之旅

表 6–1 列出的这两种理论的总结是，那些天生具有领袖气质、影响力和交往

技巧的人，比那些需要学习这些技巧的人做起来更容易。然而，只要秉承终生学习的信念和“人人都是领导者”的理念，所有的领导才能都能习得。

作为变革领导者，你该如何鼓舞并激励下属和每一个受你影响的人成为变革领导者？

首先，你必须示范出变革领导者的特征，你需要意识到、承认并接受自己在变革周期中所处的阶段。其次，你需要与他人建立联结并了解其在变革周期中的阶段。最后，你必须提供技能、训练和资源以帮助他人；你必须看到变革领导者的公司是与众不同的这一宏伟图景。

我最近对约翰·莫里亚蒂（John Moriarity）进行了一次采访，他是顶级金融公司 E3 财富（E3 Wealth）的一位高级领导者。我是在“引领 2020 年愿景”论坛遇到约翰的，当时我作为这次金融会议的主旨演讲人，分享了关于未来商业将如何变化以及对金融服务行业的影响的观点。

约翰也是这次论坛邀请的专家演讲者，在听了他的演讲后，我立刻判断出他是一位正在推动行业转型的变革领导者。在采访中，约翰提供了一名变革领导者如何思考的极佳示范，他是一个既有与生俱来的变革领导者技能，又有通过终生学习而获得精进变革领导者技能的典范。

通过这次采访，我们了解到他的思维模式和方法，以及“为所有美国人改变财务状况”这个大愿景是如何推动他前进的。这次采访也让你看到了约翰先天的领导特征，以及为了进一步发展变革领导力才能而继续“学习”的内容。他多次提到他的导师马克——这位鼓舞人心的变革领导者是如何帮助他形成了自己的方法并最终取得成功的。

E3财富创始人兼总裁约翰·莫里亚蒂访谈录

谢丽尔：约翰，感谢你百忙之中接受采访。我们可以先从你的事业方面开始吗？

约翰：当然可以，我是E3财富的创始人和总裁，这是一家提供财富管理服务的公司。我们与大多数金融服务公司的不同之处在于，我们会不加选择地与众多客户合作，而不仅仅是为富人提供服务。

我们的理念是用企业家的方式来为客户创造更多财富。我们为客户提供的是将财富管理与税收支持相结合的服务。这是行业内的一种创新产品，即将财富和税收相融合。我们之所以能在这竞争饱和的行业之中占有一席之地，就是因为我们了解税收与财富之间的协同作用。通过聚焦客户的经济状况、为客户量身定制以及金钱心理学，我们获得了成功。传统的金融服务则专注于为客户积累财富，而不是利用财富的杠杆作用为生活服务。

谢丽尔：约翰，作为行业中的变革领导者，你的哲学是什么？

约翰：我们聚焦目标、流程和理念，专注于帮助客户以不同的方式思考金钱和财务。我们的目标不仅是改善客户的财富管理和金融服务体验，还努力挑战美国人接受金钱教育的现状。我们积极挑战当前的金融模式，通过心理学的方法与客户进行交流，专注于为客户增加价值。人们不是赚钱机器，他们是有情感的，他们希望被理解和关心。

谢丽尔：随着人口、市场、技术的变化，你所在的行业有什么变化？

约翰：获取信息，人们可以使用谷歌以前所未有的速度查找信息。他们可以了解到任何金融工具和任何策略的信息。我们的任务是帮助我们的客户理解这些信息中有哪些对他们来说有意义和实用。

谢丽尔：作为变革领导者，你每天问自己哪些关于客户服务的问题？

约翰：我如何做到言行一致并为客户提供价值？我们如何创造更多的价值？我们专注于可以为客户提供什么，而不是从客户那里获得什么。我们认为激烈的竞争反而为我们提供了大好时机，因为金融行业仍然有很多人认为“客户应该信任我们”，而我们侧重于应该如何更好地了解客户并赢得他们的信任。比如，费用就是一个很好的例子：虽然客户能了解一些幕后的东西，但整个行业在透明度这方面做得并不好，我们的做法是在收取费用之前先增加价值。作为一家人人都是变革领导者的公司，我们先向客户展示价值，然后由客户决定是否掏钱。这种方式是全新的，并已经引起了行业的震动。

现在我们看到整个行业都在发生转变，因为客户需要透明度和真相。财富顾问行业中的大部分人都秉承“相信我，我是专家”的态度，我们与之截然不同。我们的确采取了相反的做法，也就是说，在向客户证明我们值得信赖之前，客户不必信任我们。

谢丽尔：你认为整个行业需要改变什么？

约翰：每个人都需要终生学习，并专注于通过增加价值来改善客户关系。我是一名终生学习者，我们的团队成员也是如此，我相信这是我们成功的一个因素。我参加了哈佛大学肯尼迪行政中心为期三天的高端讨论会，了解了神经语言程序学（Neuro Linguistic Programming，NLP）以及如何更深入地了解人。该课程涉及行为经济学和神经经济学（neuro-economics），认为商业领导者需要更好地理解这些原则如何影响人们的行为。金融行业需要关注的是我们的客户也受到情感驱动这个现实。

我们这个行业的人很难理解或处理从科学分析到情感的转变。然而，改变整个行业是绝对必要的——以情绪意识为引导，然后是科学分析。

我们都需要对现状提出挑战，并以不同的方式思考如何与员工和客户打交道。

谢丽尔：E3公司的变革领导者需要具备哪些技能来为客户和企业而推动转型？

约翰：在未来三四十年间我们需要更多的变革领导者，因为会有更多的不确定性和困惑，我们需要为美国公众提供情感支持和财务分析，这是我们的愿景。

最重要的是，我们这个行业必须具备创业思维模式，也就是“人人都是领导者”，只有这样，才能明白如何增加价值。这种思维模式需要的是“如果我做好增加价值的工作，我将会得到回报”。价值第一，价值创造第一。为E3财富工作的每个人——无论是顾问还是客服人员都需要有一种创业思维模式。我们的国家就是由一群具有远见卓识的变革者建立的。

我们不接受现状，我们希望另辟蹊径。创建这个国家的先辈们所具有企业家精神，正是我们作为一家公司和一个国家走向未来成功的关键。除了企业家精神以外，人们也必须有富足的心态，为此我们对团队成员进行了培训。富足心态是一种增加价值的心态。我们需要那些想学习的人，那些致力于不断学习的人，那些知道不终生学习就无法达到目的的人。我们停止学习，人生就没有意义。

谢丽尔：保持开放、不断创新和变革的文化的关键是什么？

约翰：它始于高层领导者，我的导师马克是拥有增值心态的典范。他总是问：“如果不提升价值，那我们为什么还要做呢？”当参加会议或会谈时，我们希望得到和学到什么，而不是抱着“得过且过”的态度。如果有员工确实有“得过且过”的态度，我们就需要互相监督，承担自己应负的责任，转变思想，使之开放、灵活、乐于学习。

我们关注所有处于不同层次和不同岗位的员工，唤醒他们使之成为变革的拥护者，随着时间的推移到达转型的临界点。总的来说，是你到达了一个重要的转折点。为了使组织发展壮大并获得双倍产出，我们的业务模式和流程都是关于人的。马克拥有丰裕心态的企业家精神。他渴望学习，并且督导那些同样有学习欲望的人。每个人都需要考虑为同事、员工和顾客创造价值，这就是富足心态。相互尊重和了解彼此不同观点是一种重要的途径。我们所有人都需要清楚这样一个事实，即我们同样专注于成功。我们可以从不同的角度学习，但记住我们都朝着同一个方向前进。

约翰是领导者一个很好的榜样，他明白成为变革领导者是一种思维模式，是一种可以教学的方法。

他也是一个想要改变行业、具有远见的变革领导者的好榜样，就像他的导师马克一样。在本书后面，我将分享对马克的一次采访，马克将进一步深入阐述这种文化，以及如何建立一种系统的变革文化以保持专注于推动转型。

为了支持伟大的领导者是可以后天造就的理论，让我们来看看惠而浦公司的例子。惠而浦公司创造了商业领域内最成功的领导力发展计划，它在全球业务上取得的成功可归结于持续关注针对品牌客户的创新解决方案。惠而浦成功的主要因素就是关注领导力。其 CEO 杰夫·费蒂格（Jeff Fettig）对领导力有着变革领导者的观点。在接受有关惠而浦成功经验的采访时，他说："每个人对领导力的定义都不一样。对我而言，领导力是积极促进变革的能力。这句话中的每一个字都很重要。你需要成为公司的催化剂或变革推动者。你一定要积极，不要被恐惧所支配。变化在任何组织中都是一个常态。如果你不改变，就可能会落后。努力为组织争取积极的结果，并能够激励组织变革的人才是领导者。"

可以肯定地说，杰夫·费蒂格是变革领导者的典范，惠而浦的成功证明了他所塑造的领导力及他的领导力所创造的变革文化。在最近的一次采访中，他再次提到领导者领导变革的能力：随着美元走强，该公司将在 2015 年亏损 10 亿美元，但仍然有 199 亿美元出色的业务增长。惠而浦领导层的策略是努力争取家电市场上的潜在消费者市场。在 2008 年金融危机之前，家电市场和房地产市场的繁荣并驾齐驱，而将近 10 年后，他们进入了新家电市场。该公司早就预计到美元可能会上涨，并且已经制订了有效的计划和方法，以应对这一变化。

创建变革领导者的组织文化

惠而浦的 CEO 杰夫·费蒂格是一个变革领导者的典范，他建立了变革领导者的企业文化。另一个很好的例子是拉丁裔的变革领导者拉夫·德·拉·维加（Ralph de la Vega）。《达美航空里程计划》（*Delta's Sky Mile*）杂志上刊登了他的人物小传，介绍了他的领导力方法，以及他作为变革领导者，在 AT&T 移动和业务解决方案的并购案中所做的重要工作。

文中描述了他充满变化的童年（根据我的经验，许多优秀的变革领导者都经历了童年和生活中的许多挑战），少年时他来到美国，在等待亲生父母前来美国期间一直是养父母在抚养他。2015 年，维加带领 AT&T 公司努力进行变革和多元化转型。他的核心理念是用未来的方式领导 AT&T 公司。他领导的事业部通过关注消费者和业务，意识到市场中心的无线需求比以往任何时候都多。前面的章节中提到的 AT&T 的 Foundry 创新中心是 AT&T 用来创建变革文化的一个工具。除了这个创新中心，AT&T 还在亚特兰大设有驱动工作室（Drive Studio），专门进行变革计划和创新。AT&T 公司通过投资 AT&T 大学，为全美范围的工作人员提供持续和重复的培训，使之接受“成为变革领导者”的观念。当我 2014 年与 AT&T 公司合作时，曾与 6000 名中层管理人员一起参加了 AT&T 大学的领导力项目，我的课程主题是“引领 2020 年愿景”，目的是帮助领导者成为变革领导者。该大学校长肯恩把需要在公司所有层级都要发生的变革形容为在冰山之间驾驶一艘巨大的轮船。AT&T 公司正在做一切可以创造变革领导者文化的正确事情。具体包括以下五点。

1. 为 AT&T 的未来提供引人入胜的愿景，使消费者在技术上完全认可并成为其最佳选择——别忘了 AT&T 曾经垄断了美国和加拿大的大部分电信业务。

2. 创建了 Foundry 创新中心，重点关注创新的具体活动，这向员工和客户传达了 AT&T 对待创新和成为变革领导者的认真态度。
3. AT&T 大学持续提供关于敏捷性、灵活性和适应性所需的技能的教育和培训，承诺在技能发展上投入资金和时间，是创建变革领导文化的关键策略。
4. 提供资源和工具，使各部门之间的孤岛效应最小化，减少官僚主义并提高部门的效率。
5. 保持真实，专注于变革领导者的理想，建立绩效指标，奖励那些推动创新的楷模和成为变革领导者的人。

所有这些都是构建变革领导者文化的组成部分。我最近在制造业大会上发表了演讲，主题是“引领 2020 年愿景——在今天创建未来职场”，并与制造业领导者们一起分享人口统计学和技术如何正在迫使所有领导者领导变革方面的观点。人们面对变革时最初的本能反应总是想保持不变，但同时理智上又知道这样做对企业是有害的。我发现领导者想要做得更好才能更好，这是一个先有鸡还是先有蛋的问题。到底什么该优先呢？一般情况下，人们优先考虑的事情是处理扑火救灾类似的紧急事务或是应对日常中的挑战，而不是花时间制定一项战略，着眼于建立一家具有高标准创新和变革领导者文化的公司。在会议上，一位先生问我，传统实体企业都知道工会的结构是等级制，那么工会环境如何能够适应未来职场？我的答案如下。

工会需要与时俱进——它们需要引导这种变革，创造新的声誉和一个对年轻员工有吸引力的新实体。现在大多数年轻人对工会没有正面评价。Y 世代认为工会的职能具有限制性，奖励和晋升基于等级或资历而不是绩效。因此，当 Y 世代选择工作机会时，工会并没有成为他们考虑的因素。很多工会早已了解到这一点，而具有进取心的工会变革领导者正致力于建立一种能吸引年轻一代的变革文化。

美国劳工统计局（Bureau of Labor Statistics）的报告称，工会会员在2012年大幅下降，达到1916年以来的最低水平。工会一直在努力应对日益严重的收入不平等现象，并遏制退休金和保险覆盖面的缩减潮。未来职场的变化，例如员工从传统的员工身份转向兼职和合同工，跳槽的频率比以往更高，这意味着愿意加入工会组织和成为工会代表的劳动力比例将继续缩小。

而企业的优势在于，它在很多方面的功能比工会要简单得多。通常，客户和员工之间有着清晰的关系。由于必须符合章程、规则和指导方针，与企业领导者相比，工会官员面临着更多的困难。但是，现在有一些富有进取心的工会正在引领潮流迈向现代化并成为变革文化的典范。例如，最佳雇主和员工组织可以参照凯萨医疗集团（Kaiser Permanente）及其工会的做法，它们通过建立合伙人制度来培养员工敬业度进而引领变革。工会员工对合伙人制度反应良好，而不像一些传统工会领导者认为所有雇主都不可信。员工们知道哪个更好。工会员工们能够辨别出主管、经理和雇主们的好坏。不幸的是，工会的结构并不总是创造出我们这里所讨论的创新变革文化。一些工会领导者依然更关注保护和维持现状，而不是通过创新和变革来寻求合作、成长和共赢。

工会可以通过以下五种方式来建立变革文化。

1. 员工在开放的在线论坛/手机应用程序上建立联系，在上面发表他们对某行业或地区的雇主的看法，互相交流。这是类似于猫途鹰（TripAdvisor）的工会平台。
2. 注重通过与企业建立伙伴关系来增加价值，从而创造双赢的战略伙伴关系。这需要工会领导者将思维模式转换为关注未来而不是保住工作岗位。这就是积极变革的思维模式。
3. 在行业/领域内建立人才库，并通过为员工发展提供资源、教育机会和工具来引导变革。通过创建人才库，员工们看到了留在工会的价值，因为这增加了跳槽的机会。人才库可以被创建成一个在线门户网站，在这里，如果当前雇主无法在企业内为有资格晋升的高绩效员工提供更高的职位，那他可以在线分享该员工的相关资料。在线人才库将成为工会环境下协同访问资源（人员）的门户网站。

4. 提高透明度和可持续性，从整体上提升工会的形象。它们通过在全球范围内施惠于员工的方式成立“诚信工会”来领导变革。以“为工会会员提供服务”为初衷，开展招聘、留住优质员工，这超越了当前的养老金和工作保障的服务。而对于重视学习、成长和晋升的年轻员工来说，养老金和一份长期的工作已经不那么重要了。

5. 最后，也是最重要的是，工会领导者需要改变思维模式，为自己和员工提供持续不断的培训和辅导，从而不断提高自身价值。专制或独裁的传统领导方式都不适用于当今和未来的职场人。

工会中的非变革领导者们将面临一个风险——如果继续专注于保持和维护现状，那整个组织将面临危机。由于无法通过与企业合作和创建现代工作场所来领导变革和进行文化转型，许多工会已经被永久解散了。固守僵化和守住饭碗的思维是整个企业面临的最大风险。你知道有句俗语说得好：“不变则亡！”

创造灵活、适应性强且能够适应市场变化的文化

刚才勾勒的创建变革领导者文化的步骤也是组织的步骤。我们如何将企业中每个人的思维变得更灵活且适应性更强呢？这强烈需要每个员工的个人动机及其独特的驱动力。根据我的经验，在领导变革最耗时且最有效的活动是花费时间与人们进行一对一的交流，引导他们自己做出必要的变革。许多领导者发现，当他

们刚开始发起变革的倡议时还能够吸引和召集人们，但随后领导者就陷入处理燃眉之急的应急事务或是更优先的事项中去了。

成功的变革领导者和吸引他人成为变革领导者的关键在于始终如一地投入时间让每个人都站到你这边。利用项目管理工具或日历工具可以确保持续的关注。更好的行动就是优先考虑与所有团队成员进行一对一的交流，并鼓励你的领导者们也这样做。

为了变革而变革与可持续性的转型变革之间的差异

转型驱动的变革和为了变革而变革之间是有区别的。本书关注的变革类型是转型变革。建立一种变革领导者文化意味着需要持续花费时间和精力，不能中断。转型变革的文化是从个人层面推动对公司、团队和客户有利的变革——因为他们关注持续增值。

为了变革而变革来自缺乏安全感、恐惧以及非富足心态。通常，当某人处于恐惧状态时，他的想法或做出的决定通常对整个系统不利。让我们看一下前面提到的“还原还是重组”的概念。作为一种工具，它能帮助确定人们是为了变革而变革还是专注于转型变革。

当组织、企业或个人专注于“还原”时，这意味着他们希望事物保持不变。

在韦氏词典（Merriam-Webster）中对“还原”的定义是：

失而复得（某人或某物如丢失或被带走）；返还（某人或某物）；使（某物）重新存在或是处于原来的状态；通过修理、清理等行为将（某物）恢复到较早或最初的状态。

那些处于“还原”状态的人为满足自身的需求或维持现状，会为了变革而变革，处于恐惧中的人们通常会希望回到已知和安全的地方，而不是通过学习或成长进入下一阶段。

经过一段时间的重组变革以后，有时还原是必要的“休息”。当人们或公司处于持续还原状态时，他们将：

- 希望阻止转型并遏制未来；
- 还原的动机为恐惧或失落的心态（我或我们将失去一些东西）；
- 关注个人的得失并维持现状；
- 提升自我保护措施并保持自我认同而不是转型；
- 想要证明这不是他们的错，他们不应该为挑战受责备；
- 不愿意 / 不能够将能量提高到学习和成长的水平。

当人们推动转型时，他们处于重组模式。

在韦氏词典中对“重组”的定义是：

重新组织某些事或以不同的方式重新组织、再组织或更新。

那些专注于重组的变革领导者，将重点放在创造比过去更好的东西和改变现状的变革上。当变革领导者专注于重组时，变革总是让事情变得更好，并改善自我和他人的条件。重组是一种优化现有结构的方法，同时产生可持续发展的新特征，从而带来增长和进化；即使保持现状是痛苦的，那些处于还原状态的人也还会致力于保持现状。这对自己或他人都没有帮助。一家持续专注于重组的公司具有以下特征：

- 公司和公司内部的人将混乱和挑战视为改善的机会，使产出更高效、更有价值；
- 投诉和问题是一种礼物——是带来学习、成长和适应变革，创造更好、更新的可持续系统的机会；
- 变革领导者利用创新解决方案作为重组工具；
- 任何形式的冲突都可能是更有秩序地组织和创建创新解决方案的机会；
- 所有提出的问题都关系到整个系统，关系到如何使之更丰富、更完善、更可持续发展；
- 变革领导者和团队中的每个人致力于为他人和整个系统增值。

重组方法包括帮助他人成为变革领导者。变革领导力大师的能量和重点不仅在于不断重组自己的想法和行为，还与他人分享能量和资源，帮助他们专注于重组。

在帮助他人成为变革领导者时，你需要考虑以下几个问题：

- 你是否赞同每个人都是变革领导者的理念？为什么？
- 你认为变革领导者是天生的还是后天造就的，还是两者兼而有之，为什么？
- 你如何评价自己能否成为终生领导者？
- 你是否拥有富足心态，这意味着你专注于“大家都得益”，并不断寻求为其他人增值？
- 如果你是一位工会领导者，那么你是不是一位愿意与企业建立伙伴关系的变革领导者？
- 作为变革领导者，你是否花了很多时间参加面对面的会谈，以支持团队成员成为变革领导者？
- 你是一个专注于重组方案的领导者吗？你该如何做呢？
- 作为变革领导者，你是否专注于创新和创造性解决方案？又该如何做呢？

本章探讨了变革领导者如何帮助他人成为变革领导者。当专注于成为一个不断寻求增值、重组和帮助他人成功和成长的领导者时，就会产生巨大的能量和兴趣。变革文化是由个人的能量和贡献创造的，最好的工具是让我们每个人都能塑造变革领导者的特质和行为。在下一章中，我们将讨论技术对组织和个人的重大影响，以及将技术和以人为本相结合创造转型的机会。

领导者，携众人去众人想去之地；

伟大的领导者，携众人去众人未必想，却应去之地。

——罗莎琳·卡特（Rosalynn Carter），美国前第一夫人

The Art of Art

Change Change

Leadership Leadership

第 7 章

技术与人——变革的推动力

当下，比以往任何时候都更明显的是，高速发展的技术革新正在创造出大量的创立新企业的需求，这些企业把技术创新带来的机遇与飞速变化对人（员工和客户）的冲击的关注结合起来。我的好友兼同事，也就是《量子组织》（*Quantum Organizations*）和《勇敢的马赛克》（*The Courageous Mosaic*）的作者拉夫·基尔曼博士，用下面几个问题完美地描述了技术机遇与变革对人的冲击：

> 什么是组织？技术在组织中扮演什么角色？技术的变革与进步有多快？人的变化与进步有多快？尤其是当人与技术这二者的变革和进步不同步时，组织将如何最大化利用自身的技术与人员？我们如何解决日益加速的技术变革与人们在适应变革过程中不断日益增大的困难之间的内在冲突？

基尔曼博士继续提到，并不是技术本身焕然一新了，而是技术已经按照人们适应的方式在演变——以集群的方式取得的成果比以往单打独斗时要大得多。他特别强调关键因素是，且永远是人。

> 说到技术，回溯到石器时代，人类已经开始创造并使用工具（技术）以克服自身的不足。刚开始只是为了节省体力，随后是为了提高效率，再到现在技术已经远远超越人类自身的信息处理与认知能力。举一个巨石的例子，如果某人用一根长棒（杠杆技术）作为撬棍，或许他自己就可以移动整个巨石。但建造庞大的巨石阵对于一个人来说就太艰难了。为了向特定方向移动某处的巨石阵，我们需要一个由许多使用撬棍的人组成的组织。再后来，我

们发明了大型推土机，并有意识地协调众人，驾驶各自的推土机拓土移山。让我们将技术定义为：人类创造的、用以克服自身不足、针对一切可能性的拓展——从采石场使用的撬棍，再到全球即时通信使用的个人数据设备。具有讽刺意味的是，单打独斗的个人从来没有发明过（遑论将它们生产出来，投入市场）如今工作场所中所见到的复杂精密的技术。相对于昔日的撬棍，今天的技术需要组织通过有意识地协调来自不同领域的人们共同努力来发展进步。这就是人类进化的螺旋上升加速过程：我们利用组织创造新技术（人类功能的拓展），这些新技术进而又被其他组织的人们利用，用以克服自身局限性，获取之前难以企及的成果。

基尔曼博士为我们提供了一个强有力的观点：技术革新并不是新鲜事，它一直伴随着人类进化的过程，而且技术更新迭代的步伐将越来越快。那么，现实既已如此，还需要发生什么呢？

技术驱动下如何拥抱变革

在《101 种让 X、Y 世代和变焦者快乐工作的方法》一书中，我研究了代际态度差异对未来工作场所的主要影响。研究结果表明，当时正在发生的诸多重大变革并不是代际差异造成的，而是飞速发展的技术变革造成的。事实上，正是技术引领所有年龄段的人整合技术、利用技术来造福员工和满足客户的需求。作为一名变革领导者，厘清变革能力和技术能力之间的差异有助于更好地领导他人。这样做，一方面能够帮助自己和他人进一步迎接技术创新，另一方面能提升技能，以更好地理解技术创新、了解技术和变革对人的影响。

组织中技术更新速度的快慢与人们使用新技术能力的速度之间存在联系。不同代际的人对技术变革的适应能力不同，这是因为不同年代发生的技术革新不同。20世纪70～90年代，在职场占据主导力量的只有“传统主义者”（1946年以前出生的人）这种代际类型。

在那些年代里，重大技术创新之间的间隔时间较长，“传统主义者”们能够更加轻松地适应那个年代的最新技术。在快速发展的20世纪八九十年代，变焦者和X世代开始加入劳动力大军，技术进步也开始加快。在当下及过去10年里，尤其是最近五年，最新加入劳动力大军的是Y世代。正是这代人让技术成为他们成长过程中不可分割的一部分。他们成为劳动力之际，也是众多组织徘徊在所谓“数字鸿沟”的十字路口之时。我在《数字时代领导力》一书中展开了一项关于数字技术娴熟度的测试，其中对领导者在数字技术娴熟度和领导力两个范畴的能力做了整体评估。未来的职场是一个以人为本的、由技术支持目标和愿景、由变革领导者创造互通、开放、分享氛围的工作场所。

从适应技术的角度讲，不同世代出生的人在成长过程中都伴随着一套不同的核心技术与技能，并由此自然而然地获得了不同的适应新技术的能力。为确保不同组织在当下技术革新飞速发展、全球经济高度竞争又密切联系的背景下获得成功，他们必须学会如何帮助所有的、包括各种世代类型的员工更快速掌握、有效利用最新、最好拓展技术的能力。

那么，对于驱动人与技术转型的变革领导者而言，他们将面对哪些机遇呢？

在当下全球联系日益密切、移动技术盛行的数字时代，我们需要使每个人（别忘了，每个人都是领导者）都能快速灵活地适应新技术，同时应将主要关注点放在增加人（比如员工和客户）的价值上。而作为变革领导者，你需要认识到你可以在哪些方面利用各种技术工具来提高生产率和创新能力；作为变革领导者，你需要如饥似渴地学习和适应，利用技术促进业务；作为变革领导者，你应该时刻着眼于终极愿景，即把日益加速的变革与人和技术整合起来。

作为变革领导者，你能做什么以进一步顺应技术带来的影响？下列若干思路和问题可供参考。

- 创造机会来认识和接受数字化娴熟度对工作场所的影响。比如，你和公司是否持续开展有关如何利用现有技术工具的培训和分享？
- 考虑创建一个逆向培训项目，其中由先天数字化娴熟度高的人向其上级及其他各层级传授所长。
- 技术和人应该成为战略关注的一部分。组织可以通过各种技术工具聚焦于员工和客户，利用社交媒体进行众包、调研、招募等，并凝聚员工和客户。关键不在于是否使用社交媒体，而在于如何利用它来配合实现你的战略目标。
- 为了更好地合作与创新，向所有员工提供关于代际创新方法与价值方面的教育。比如，开设论坛或通过内网来分享和讨论拥抱新技术、适应技术创新的各种方法。提供关于如何运用不同代际知识的策略。比如，某个 Y 世代可能技术娴熟度和适应性高，却对商业缺乏清晰的理解；或者某个变焦者可能商业经验丰富，却拒绝学习新引进的技术；又或者某个 X 世代可能技术、商业技能俱佳，却为保护自己的工作或职能而不想与他人分享知识。上述所有情景是创建一种分享知识的文化的机遇，这可以通过工作观察、视频教程、提供培训、物质刺激以及鼓励资源共享来实现。

在多元设备现实中领导变革

信息技术已经和商业紧密交织在一起。我认为，没有人能做到脱离其中一个而大谈另一个。

——比尔·盖茨

我们所面对的现实是，由智能手机、多元设备等技术创新创造的变革已经不容忽视，它们正影响着我们生活的方方面面。作为变革领导者，引导每个人快速灵活地适应技术革新的步伐势在必行。

谷歌最近的一项研究显示，90% 的人选择不同的技术终端设备完成一项目标，这些设备包括但不限于智能手机、笔记本电脑、平板电脑或电视机。我们已经进入多屏用户使用时代，智能手机被用来沟通联络，在碎片化时间内快速、即时获取信息。调查显示，38% 的日常互动通过智能手机完成。其中，在通过智能手机操作的活动中，54% 出于沟通目的，33% 则是娱乐活动。线上活动普遍都是从智能手机开始的，比如快搜、数据查找，其中 60% 的用户会继而转移到笔记本电脑上完成该活动。63% 的人使用智能手机进行网购，66% 的人使用它进行社交。

谷歌的研究还发现，每十人中有九人会有序使用多屏设备，且这种有序使用目前往往从智能手机开始。因此，像订机票、管理个人财务等活动通常不会只在一台设备上完成。事实上，98% 的有序使用多屏用户会于同一天在不同设备上完成某一项任务。看起来使用多元设备用户偏向于某种性格类型，但谷歌的研究表明，这种趋势会发生在越来越多的不同的人身上。我的观点是，多元设备用户通常是驱动型性格的人，他们希望马上完成某一任务或者迅速得到结果。我会不断切换使用多元设备，部分原因可能是我是一名企业家，我需要使用智能手机和多种应用程序来快速获取信息、收发短信、使用社交媒体。做项目时，我会使用 MacBook Air；当我想稍微游离在工作之外时，便会使用 iPad Air。拥有多元设备使我能够自由地在多元化平台上获得信息。比如，工作时我需要快速访问语音日历，iPhone 和 iPad 上的应用程序能帮我迅速查到它。如果正在使用笔记本电脑，我也可以去网上找到日程安排。对于青少年和二十几岁的年轻人来说，他们天生就能在多元设备（游戏机、掌上电脑、笔记本电脑）之间转换，而“传统主义者”和某些变焦者在工作和生活中则不大可能像在工作或生活中运用技术一样，娴熟切换多元设备。

技术现实对职场的启示

你对多元设备与社交媒体的态度和立场将决定你是想还原到过去的舒适时光，还是全面开启重组模式，迎接技术，并发挥技术所长。如果你视社交媒体、多元设备为当今的技术现实，并将其视为提高生产力、促进社交媒体分享和创新的机遇，那你就会以开放的领导力和重组的态度去利用它。如果你认为社交媒体、多元设备令人沮丧、难以驾驭、徒劳无益，那你就会以故步自封（还原）的视角和态度对待它。

就在写作本章之际，我已经用 iPhone 回复了信息，在 Facebook 上发了帖，用印象笔记（Evernote）就某个商品迅速发表了点评，并且用 Square App 支付了信用卡账单。我还在 MacBook Air 上使用着 Word、Firefox、Safari、Skype 和电子邮件。我在写作、在线调研、通过 Skype 即时通信和电子邮件回复信息之间不断切换。你也许认为我注意力不集中、压力过大、效率低下，但实际上我很专注、很放松，在写作的这一天中完成了很多事。我已经适应了管理复杂多变的信息源和在多元设备上进行多重任务工作的状态。这既会让人感到压力，也会引发人的适应性反应。在技术的支持下，通信不断发展、日益大众化，每个人都需要经常使用无线设备处理多重任务。

以电子学习环境为例，学生们要不断通过在线观看讲座、记笔记、查阅信息等来完成各项学习任务。每个人都在受到个人与丰富媒介环境的信息之间即时互动的影响。具备即时获取信息的能力使个人有动机、有机会升级运行系统，能够进行多向思维和使用信息。正如前文提到的，升级领导力运行系统时，技术的冲击要求我们拓展思维来囊括复杂的活动、多元的视角，当然还有多元设备。任务管理的方式也已经发生了改变，它曾经专注于逐一解决的方式，但如今，随着技术的进步，任务经常是非结构的和未知的。内部竞争精神的关键要素是注意力和记忆力。

当一项任务要求多重认知过程时，单一任务将逐渐被淡化。新的研究发现，当用户在使用多元设备、多重处理程序来完成多重任务时，他们“消磨的时间最少”。尤其在课堂环境中，当需要在课堂上进行教学展示时，多元设备的使用有助于进一步开发信息资源。

我讲课时经常开玩笑说，虽然我正在讲课，但大家可能正在下面发信息、查天气、网上冲浪！玩笑归玩笑，越来越多的人会一边听讲一边查找课堂内容。比如我的课堂上，学生们会与我互动，按我的要求在 Twitter 上发一些音频。

戴尔全球劳动力演化趋势研究（Dell Global Evolving Workforce Study Trend）指出了关于多元设备的一些重要趋势，其中之一是单一设备可能无法适应所有需求。报告证实，不论何时何地，员工都会使用多元而非单一设备来完成工作。81% 的被调查者说，他们最看重的是设备的性能。

工作场所对设备的选用也有影响。62% 的员工会选择台式电脑作为主要工作设备，其中台式电脑在金融服务、公共医疗、政府工作等领域使用最广。但在家办公时，笔记本电脑就与台式电脑一样使用频繁了。用于个人用途时，员工们会转而使用更加便携的移动设备。此时，笔记本电脑、平板电脑、二合一设备的使用率便远高于办公室办公的情形。当彼此相距不远时，51% 的员工会选用有效率的即时通信工具或电子邮件与同事联系，而非采取直接喊话的方式。在全球范围内，超过一半的员工现在将个人设备用于工作，而且是在公司不知情的情况下，其中智能手机、笔记本电脑使用最为广泛。

让员工开心的秘密——技术

全球四分之一的员工反映，他们会在工作中受到所使用的技术的影响，如果一份新工作能提供更好的技术条件让他们的工作更有成效，他们会考虑跳槽。媒体和娱乐圈的员工最有可能抛弃落后技术。那些承担管理角色的人和新兴市场的员工试图跳槽时，会优先考虑那些提供新技术支持的雇主。76% 的员工说他们过去一年的工作方式受到过技术的影响。46% 的人说技术提高了他们的效率，使他们的沟通更快捷。

变革领导者必须要能适应不同类型的员工，有的员工是敏捷的多重任务胜任者，有的则不是。就某些工作职能而言，多重任务是一种资本，但就另一些而言，多重任务可能会产生更多的阻碍。

有关工作场所的多元设备与多重任务，你需要问自己以下四个问题：

1. 你的团队里谁更擅长用多元设备完成多重任务？是什么让他们擅长于此？
2. 你的部门里哪些职能、工作任务对员工的注意力要求高，且对多元设备和多重任务的依赖性低？
3. 你的公司里关于自带设备的规定是什么？这项规定令你的 IT 团队抓狂还是已

经有了可行的解决方案?

4. 你认为多重任务与直接关注之间有什么折中办法?

当我进行公开演讲时，确实大多数听众要么在玩智能手机，要么在用平板电脑。我不但不阻止这种情况，反而开诚布公地鼓励每个人保持手机和移动设备的开启状态，鼓励他们在我上课时发 Twitter、上 Facebook、发即时信息和做其他的工作。我也鼓励他们给我发信息，问一些不便公开提问的问题。我相信这会是一种新趋势。我并不认为听众在我演讲时使用移动设备是不尊重的行为，他们作为听众，可以在上面记笔记、上 Twitter 和发信息。实际上，当我听讲座的时候，也会开着各种设备，一边记笔记，一边查邮件，一边上网搜索讲座上提到的内容链接。通常，当我从讲座里获得有见地的想法时，就会在朋友圈分享自己的见解、想法和信息。

RehabCare 有限公司是一家总部在圣路易斯的紧急医疗服务供应商，这家公司的首席信息官迪克·爱斯克尤（Dick Escue）在移动设备管理方面比许多同行更胜一筹。四年前他就预见了个人移动设备会渗透到工作场所中。当 2007 年 IT 团队提醒他，公司的黑莓系统管理可能会被要求替换成 iPhone，且最好将此需求扼杀在萌芽状态时，他做了变革领导者应该做的事，关注于他所预见的变革的机遇，果断换成 iPhone，抢占了先机。

“我们接纳了 iPhone，让想用的人用它，他们也觉得很兴奋，”爱斯克尤回忆说，“结果，他们也因此爱上我们。”

自此，爱斯克尤将苹果 iOS 系统一步步地整合到 RehabCare 有限公司的计算环境中，并且在他看来，这是一项极具竞争力的商业优势。他的 IT 团队已为数以千计的理疗师配备了 iPhone、iPad，以便推动关键任务的进程，从 Force.com 平台上的入院前筛查 App，到与医疗保健供应商 Casamba 合作开发看护的 App。iPad 是 RehabCare 有限公司高管们可选择的商业会议工具，也很快成为该公司医疗职员的工作站。

关于个人设备与公司设备界定的问题，爱斯克尤对此提出质疑，他认为员工们只有对自己所拥有的设备才会给予更精心的呵护。一旦 iPhone、iPad 的使用者在链接个人 iTunes 账户需要帮助时，IT 部门会告诉他们如何去做。这是一个很好的提供增值的例子，能看出来，员工们在除了能用他们的设备解决和工作相关的问题之外，也能够得到个人使用方面的帮助，并因此怀有感激之情。爱斯克尤在工作场所全方位部署苹果设备的做法是 IT 公司首席信息官在客户服务方面做出的一个典范。然而，这种做法在当下已成为更多 IT 公司的一种规范而非特例，企业正在接纳各种移动设备。随着许多组织努力将 BYOD（自带办公设备）整合到职场中，社交媒体逐渐成为职场中另一种备受关注的技术。

在社交媒体现实中领导变革

不论你的组织对社交媒体持有正面还是矛盾的态度，我们都无法忽视它在所有年龄群体中已经迅速扩散的现状。社交媒体在商业中也不再限于市场营销。对社交媒体技术的使用——从 Twitter 之类的活动，到 Facebook 这类的分享网站——正在被宣传推广、包装并被公司内部应用。建立社交工作场所就是社交的一部分，是为公司增加整体效益、提升员工效率以及促进革新而进行的社交。像 Yammer 这类为企业社会化网络服务的网站就为各种组织提供了内部社交媒体。

社交媒体具有提高公司员工能力的潜力，能促进从管理层到生产一线提升效率，并进行有意义的即时沟通和合作。职场社交媒体的支持者认为，这些工具有助于摆脱传统组织的等级影响，将组织内的信息封闭和谷仓效应降至最低，并发现之前隐匿于组织内的一些知识。比如维基百科、博客等工具，它们既能使管理层了解员工对公司有价值的观点，又能让员工表达自己的关切。作为回报，员工也能更好地理解企业目标和价值，这对于公司很重要。

社交媒体能刺激创新，无论是通过理念分享，还是仅通过日常交流。劳氏公司（Lowe' s）的一名员工在公司的社交内网上询问如何获得某种漆器的更多存货。一位同事看后问她是如何卖完她的存货的，她解释说自己做过一个使用漆器的演示视频，这使得销量增加了三倍。该视频在公司内部迅速传开，结果给公司带来了数百万美元的额外收入。

作为社交媒体的倡导者，梅奥诊所（Mayo Clinic）在推动社交媒体促进医疗事业上也堪称典范。它们最早采用了播客、YouTube、Facebook、Twitter 等，并于两年前创建了内部社交媒体中心。关于隐私和通过社交媒体共享信息的问题恰恰是梅奥诊所的社交媒体项目经常被问到的问题。医疗总监堤密密（Timimi）博士说，他们会引导员工谨慎地去发布信息。他们也强调，这些工具会用于专业的医疗教育和参与互动的目的。许多公司因担心影响生产效率而屏蔽了 Facebook、Twitter，但梅奥诊所却反其道而行之。事实上，研究表明，通过社交媒体进行工作上的沟通交流能使员工突破时区、地域限制，最终将生产率提高 25%。使用多元设备和社交媒体能使领导者迅速适应技术带给职场的冲击和影响。除此之外，当涉及提高生产率、增强个人认同和提出更大的创新时，它将使领导者看到其积极的一面。

下面是在技术和人方面领导创新的最后几点建议。

- 评估当下你的技术适应水平有没有进一步提升你自身技术能力的机会？
- 你能够向谁学习？你的团队里有某个 Y 世代技术大神吗？你每周花时间和谁在一起以提升你的技术能力？
- IT 公司是否为员工提供了客户般的优选技术支持？它们提倡自带办公设备吗？
- 公司内部使用类似 Yammer 的社交媒体门户网站吗？或者，允许使用 Facebook 吗？
- 你是否为员工定期提供专业社交媒体规范方面的培训，向员工展示优异的社交媒体使用方法和正合时宜的例子？
- 你对多重任务、多元设备持有灵活开放的心态吗？
- 如果你有友好的社交媒体合作或类似 Yammer 的内部社交媒体工具，你是否能实现合作潜能最大化？每一位员工都在使用该技术吗？若不是，应该如何提高他们的参与度？

拉夫·基尔曼博士综述了技术是如何从人类衍生之初演变到今天的，诚如他所言，技术一直都是人类现实的一部分，并且现在我们正面临着围绕以人为本而使用技术的机遇。

以人为本，整合技术

变革领导者的领导力艺术在于，既能够做“技术通”，又能做“用人贤”。欲了解变革领导者“技术通”技能与“用人贤”技能之间的区别，请查询表 7–1。

表 7–1　　“技术通”与“用人贤”的区别

“技术通”技能	“用人贤”技能
轻松适应技术	善于与人交往且适应具有不同个性 / 世代 / 文化的人群
善用技术提高业务成果	对人善用荣誉、尊重、引导激励措施
善于快速学习、适应技术变革	善于快速学习、适应人们的不同行为和态度
善于用技术提升自己和他人的工作效率	

技术革命致使许多领导者过度关注工作的技术层面，而忽视了人这个关键因素。许多领导者也一直忽视或从未接触过优秀的变革领导力策略，需要提醒他们关注这些策略。

从表 7–1 可以看出，单纯的“技术通”只是变革领导力中的单维方法。仅是“技术通”的领导者虽有利用技术之能，却无激励、引导和影响他人之能。而仅是“用人贤”的领导者可能拥有广泛的人脉，但可能既缺乏领导力也无法赢得团队的尊敬。我们的总目标是，将“技术通”技能与“用人贤”技能整合起来塑造变革领导者，这样才能帮助企业在快节奏世界中完成业务转型。

整体理论认为，所有的观点都有一定程度的真实性，但是一些观点比其他的更真实、更进化、更发达、更充分。

——肯·威尔伯（Ken Wilber）

The Art of Change Leadership

第8章

转型工具

转型既不是也是孤立的活动。我知道这个说法自相矛盾——首先，每个人都经历过转型的过程，都有一种义务感或驱动力，希望与他人分享变革过程，并从集体行为迈向全面转型的系统、过程、文化、公司、政府等。

我在这本书中讲述了很多关于自我转型、思想转型以及提升领导力和运行系统所需的变革。为了真正推动转型，焦点需要放在“我们”的方法上，需要根植于创造新的组织原则或系统的根深蒂固的愿望。转型的过程不仅仅是头脑中的想法，它更是我们希望产生的能量成为现实的过程。这本书展示了一种推动变革和转型的进化方法，这种进化方法能推动我们个人不断进步，提升我们的理解、我们的结构和行为，以便为我们的工作创造更高标准、更有效的秩序。进化变革领导力聚焦于创造为自己和他人“释放更多能量”的改变。当我们释放出更多的能量时，我们就能更容易地增加价值，这就是本书前面所说的变革领导力最大的成功之处。

转型变革和转型的情境，从仅仅“我们需要让每个人都参与进来，那样我们才能赚取更多的利润或有更多的业务”迈向“我们想把整个组织的文化转向每个人都注重增值，从而为系统增加能量”。

我们经常把能量视为家庭取暖或汽车燃料等用来消耗的东西。在这本书的变革和转型的语境中有一种全新的角度来看待能量：大量的可被利用的能量可通过联结充斥于我们周围的能量场的能力，通过有意识的思想意识、语言文字和行动来选择创造更多的能量，从而被人类所利用。当你想到一个有魅力的人时，是什么决定了他的魅力？能量！他散发着令人着迷的、充满活力的能量。

我有幸通过接触许多大师来深化对能量的理解，以及能量对个人、职场和企业的影响的理解。我一直是肯·威尔伯整体理论的拥趸。威尔伯是一个多才多艺的人，他始终处于创造AQAL模型的前沿，该模型作为一种工具被企业用于经营，可增强意识和帮助驱动转型成为一种“能量”的方法。通过探究在人类潜力、社会进步、精神成长和心理成长方面所有的文化模式来形成AQAL模型，并且把它们组合在一起形成一个整体模型。

AQAL模型提炼了所有对人类潜能的研究，并将其转化为用于个人和文化进化目的的五个要素。这五个要素是象限、层次、路线、状态和类型，它们不是理论性的，而是人类现实的真实体验。

模型可适用于生活的许多方面，非常契合商业和日常生活。有了该模型，你就有了广泛的资源，能够帮助你确定你要行进的方向，并确定你想去的地方。

在迈向自我转型的旅程上，AQAL模型能帮助你树立意识、确立准则，在广度和速度上提高你的个人进化力。当我们将其他人和集体推向变革时，AQAL模型是一个可衡量的和可参考的工具，是一个为员工和客户构建文化、战略和增值的全新方法，是驱动转型的首要工具之一。

AQAL模型也被称为完整管理系统，是指导人类运行系统“如何去做”的系统之一。

上文提到的五个要素是能够读懂此模型的关键要素，将此模型注入你的意识中，加以消化理解可以提高你驱动自我和他人转型的能力。

意识状态是 AQAL 模型的关键部分：梦境和清醒状态是众所周知的，但意识状态包括冥想状态、改变状态和峰值体验。

完整管理系统过程是有意识地感知意识状态，并选择提升来自每种状态的意识和洞察力。

意识状态是非持续的，它瞬息即变，而意识水平层面却不是。这些阶段确定了层级和演变，它们代表了发展的里程碑。一旦你掌控了发展的水平，你就有了持续从那个阶段获得知识的能力。设想一下，如果你是网球选手，一旦你掌握了反手球，你就可以在打网球的时候使用这一技能。如果你从来没有掌握反手球，你可能退而求其次，只能一直用正手打球，这将大大削弱你充分发挥打好球的能力。

AQAL 模型有八到十个意识发展层级，在这里，我将分享三种，目的是让你体会一下这一转型工具模型所具有的强大功能。

我将分享的三种意识发展层级分别是自我中心型、族群中心型和世界中心型，它直接关系到“改变的是我们”这一方法的概念。

自我中心型是一个在“我”的意义上的道德发展，而族群中心型是“我们”的转换，世界中心型则是对包括整个世界的一个意识的转变。这三个 AQAL 模型的组成部分也可以被看作身体、心智和精神。自我中心型是专注于身体的现实，即你最认可的“我”的现实；族群中心型是开始看到共同的价值观和共同利益关系之间的智慧；世界中心型的精神则是你看到的人类共性。

上文对 AQAL 模型简要的概述提供了一种资源或工具，能帮助你深度发掘可使用的转型工具。

你是哪种类型的转型者

经过对自我中心型、族群中心型和世界中心型三种类型的分享，我相信你可以感觉到自己有一种渴望去发展以世界为中心的能力。

请记住，随着层级和状态逐步发展，我们总是把发展作为一种资源。

对于以下陈述句的表述，请回答“是”或“否”，没有“可能”或“有时”的答案。依照你的直觉，简单地直截了当用“是”或“否”回答问题。

1. 我有强烈的自我意识，我知道我是谁，我想要什么，我能做什么。

   是　　否

2. 我对使命、目标和在工作中应该做的事情有强烈的感觉。

   是　　否

3. 我有一种使命感，为他人创造转型对我有很大的吸引力。

   是　　否

4. 我发现自己很容易找到与他人的共同点、相似之处。

   是　　否

5. 我很容易欣赏他人的个性以及与我的不同点。

   是　　否

6. 我能够很容易地把对事物的理解与他人对事物的理解联系起来，以达成共同的理解。

   是　　否

7. 我能看到世界的愿景，很容易把我所做事情的和其他人做的事情联系在一起，从而对整个世界产生更大的影响。

是　　否

8. 我致力于使世界变得更美好，我把在工作和生活中所产生的影响看作对世界的影响。

是　　否

9. 我被驱使着去做更重要的事情，为成就一些事业而采取一些有更大影响力的行动。

是　　否

10. 我很容易激励他人和自己一起踏上旅程。我通过提供资源、支持和鼓励来给他人带来巨大的能量。

是　　否

如果你对大多数问题的回答是肯定的，那么你就是一个世界中心型的转型者，你专注于大局，想为整个生态系统带来巨大的影响。你在意你在一个更大的系统中作为一个领导者对他人产生影响，你关心的是通过你的工作和贡献使世界变得更美好，你鼓舞和激励其他人加入你的团队并踏上旅程，为这个世界做出快乐的贡献。

如果你回答“是”的问题有四到六个，那么你是族群中心型，你深刻理解自己与其他人的关系。你有一个健康的自我认知并正在把你的意识从“我”扩展到更多的“我们”上。你的机会是为了以世界为中心的方法延伸和拓展，这不仅会鼓励你成为一个转型者，并给予你更多的个人能量，随着在转型的道路上由于你的参与并带动他人，它也会为你的“部落”或你的团队带来巨大的能量。

如果你回答“是”的问题有一到三个，其余的问题均为“否”，那你正在以自我为中心的王国里徘徊，你的机会是在转型之路上扩大包括其他人在内的范围。

作为一个转型者，当你从“我”延伸到“我们”时，你就获得了周围所有人更多的信任、更多的分享和更多的参与。

每个人都是转型者，每个人都在转型的路上。在转型的旅途中，你意识到自己所处之境，并感知、承认、接受这一境地，然后有意识地选择更上一层楼，如果你愿意的话将达到更高的水平。变革领导力的艺术是一种谦虚的欣赏，无论我们在任何给定的任务、角色或项目中如何技艺高超，我们都要保持谦虚好学的态度。真正的转型者从不满足，他们认识到，真正的奖励是在学习、在觉醒、在通往更高层次的路上，以及对更高水平的掌握。

当我们抱着居高临下或“经过了也做过了”的态度时，生活和工作会有一种将我们带到现实中的方式。我不知道你怎么想，但我已经在此提醒并将继续提醒你，在迈向变革领导力精进的路上要始终保持谦虚好学的态度。

在我的职业生涯中，我遇到过很多优秀的老板，当我回顾过去时发现，这些关心我的老板总是给予我诚挚的祝福，他们有勇气给我非常宝贵和诚实的馈赠。早在20世纪90年代初，我在一家国家抵押保险公司担任区域经理，我很年轻，也就不到30岁吧，被猎头从一家大银行介绍到这家抵押保险公司工作。由于我放弃银行的高薪工作被招贤来到这个规模较小、正在成长中的私人公司，我的自尊心有些膨胀。我沉浸于过去的成功并形成了以自我为中心的态度，加入新团队的时候俨然觉得自己是一个超级巨星。作为一个销售团队和管理经销商的领导者，我自豪地分享之前的成就并理所当然地认为自己可以为团队创造成功。在这个工作岗位上工作了一个月后，我发现很难推动团队达到我们的目的和目标。一天，我的老板唐娜打来电话约我下班后聊聊。办公室里没有其他人，她非常随意、平静，我也很放松。唐娜是一个很棒的族群中心型领导者的楷模，虽然我当时不知道。她问我的第一件事是，“谢丽尔，你已经在这里一个月了，你觉得这段时间怎么样啊？”

我马上就认定这是个自我吹嘘的机会，于是开始展示我是如何出色，并用我创造业绩的故事和例子取悦她。唐娜听完笑了，她点了点头然后说：“你的团队怎么样？”我仍然没有理解她的意思，继续谈论我作为领导者如何创造了超棒的结果。然后她说：“你知道，谢丽尔，我已经听你说了 20 分钟，你告诉我你是多么棒，这很好，但还有一些很有价值的东西要学习，那就是沉着自信。”我们陷入了沉默。唐娜坐在那里，当我仔细琢磨她说的话时，她用最慈祥的微笑看着我。我感觉到了她刚才所说的话的分量，我停顿了一下，瞬时明白过来，眼里充满了泪水。我没有别的话可说了。唐娜接着说：“你知道，谢丽尔，很明显每个人都知道你很有天赋，很有能力，下一步你需要帮助他人变得有才华和出彩，带着团队一起干，那才是一个伟大的领导者要做的。我知道你具有一个伟大领导者的素质。”

那天对我来说是一个转折点，唐娜向我展示了一个提升的机会，让我把自己从自我为中心型转变成族群中心型。她以尊重我的方式提醒了我，同时为我树立了一个努力向前的典范。唐娜是一个真正的推动转型的变革领导者。她以族群中心型的领导方法一直陪伴着我，我在那家公司时，她一直是我出色的转型教练和导师。

我相信唐娜帮助我加速了我的职业生涯，更重要的是帮助我完全致力于成为一个变革领导力大师，并为我今天的成绩做出了贡献。

你也可以花点时间回忆一下，在过去和现在的职业生涯中有哪些帮助你转型的领导者。他们有什么特质，你学到了什么，你是如何通过学习成为转型领导者的？

族群中心型和世界中心型的转型领导者有以下特点：

- 拥有健康的自我认同和自我意识，并知道自己何时专注于自我，何时为自我服务；
- 有强烈的欲望学习与成长，并且能保持谦虚的态度；
- 乐于接受反馈和诚实的评估，并能将反馈迅速纳入生活和工作中；
- 有强烈的同理心，并能以一种他人能够接受的方式提供反馈，使他们想提高自己，变得更好，保持更好的状态；
- 通过专注于他人福祉和增值的行动和成为他人行为的楷模来激励和吸引他人。
- 还有什么？

在写本章时，我被注入了大量的能量。在转型旅程的每一段赛程中，我持续地被不断学习和成长所“激发”。要学的东西太多了！学无止境！

识别并适应周围的变革者类型

提高自我意识的好处是，你建立了一种高度警觉的意识，帮助你在其他人身上识别出类似的行为。

依我的经验，一旦我们接受了一个具体的教训或者经历了一个挑战，就会促使我们产生更深层次的知识和洞察力，观察他人行为模式的能力也会随之增强。所以，我在本章与你分享关于我的自我中心型的故事，以及我的老板唐娜指导我走向族群中心型的一种方式，让我学会了当他人以自我为中心时，我该怎样去看待他们的行为。

那么你如何识别你周围的变革者类型呢？

你开始使用“我们”的滤镜来评估你自己的位置和其他人的位置。我们提到AQAL模型有许多其他的层级，我鼓励你去发现、让自己沉浸在一个更深入的情境来了解整体。如果我们用简单的三个层级来区分，你就会开始注意到人们的位置。你会注意到，当有人是自我中心型时，这是因为他或她的关注点是在：

- 他 / 她什么做得对或做得好；
- 他 / 她正在做什么来给团队做贡献；
- 他 / 她什么比其他人做得更好；
- 他 / 她在哪方面超强；
- 主要关注自我。

你会注意到，当有人是族群中心型时，他或她的关注点将在：

- 他 / 她和别人一起做什么；
- 他 / 她正在做什么来帮助他人；
- 他 / 她在为他人创造更多的能量而做什么；
- 他 / 她喜欢别人的什么不同；
- 他 / 她从别人那里学到了什么。

你会发现，当有人是世界中心型时，他或她的关注点将在：

- 他 / 她想通过自己和他人使整个世界看到什么；
- 他 / 她想让公司做什么来为世界做出贡献；
- 他 / 她想帮助他人做些什么来给世界做贡献；
- 他 / 她做什么来激励和吸引他人在相同的使命 / 愿景上，使团队 / 公司 / 世界变得更好。

当一个人是自我中心型时，你在训练和辅导他时要富有同情心，向他提出引导性的问题，给他们播下成长和学习的种子，从族群中心型的层面激励他们；当一个人是族群中心型时，给予支持、表扬和鼓励，助力他们抓住以世界为中心的机遇，他们就会有更多的能量和潜力，为自己和他人创造积极的转型；当一个人是世界中心型时，鼓励他们分享自己的见解，推广他们创造性的想法，并指导和训练他人成为世界中心型的转型者。

成为团队的变革领导者来推动转型

我在本书中数次提到能量，你现在可能认为我非常相信“能量管理”的转型动力，因为它涉及人类的潜力。我还提到爱泼斯坦博士关于能量状态和它与转型的关系。

他的众多工具中有一个被他称为能量状态。能量状态是另一种模型，当对它的理解足够深入，你就会改变你看待转型的模式。对我来说，这种模型增加了一层深度，能更进一步帮助他人转型。我在工作中将能量的状态作为一种持续的资源使用。在获得爱泼斯坦技术公司项目许可证后，我在演讲和培训内容中分享了能量状态的相关内容。

我想在这里与你分享能量状态的概述，因为它涉及转型中的附加工具箱。

爱泼斯坦博士说，驾驭今天瞬息万变的现实的不是时间，而是能量。我们每个人每天都有相同的时间，为什么有些人能取得惊人的成就，而另一些人却不能呢？答案很简单，就是能量的差别。

我们周围到处都有可供利用的能量，许多人不知道如何利用或不知道能将其作为一种资源。能量状态分为能量匮乏、能量中性（低和高）和能量充足。

能够理解能量作为一种资源并拥有能够利用它的能力关乎着职场的未来。人类是习惯性动物，而且大多数人遵循重复的模式，即便那些模式没有增值或能量。爱泼斯坦博士帮助我们顿悟并接受这样的现实：能量影响我们如何与他人互动、吸引和影响他人。

用爱泼斯坦博士的话说："能量是使进步成为可能的力量源泉。"能量状态是公司整体或个人的基线，变革所需的能量需要更高的基线。

让我们来看看不同的能量状态及其含义，因为它们关系到推动变革的转型者。

第一种能量状态是能量匮乏。当一件本可操控的事情陷入崩溃时，此能量状态就发生了。例如，公司失去了一个主要客户，行业遭受了灾难，竞争对手挖走了你的顶尖人才，或者你的商业伙伴窃取了业务资金。当企业或个人处于能量匮乏的状态时，通常所有事情会陷入停滞。工作中断，你做什么都不能改变它，只能盼望天降救星了。

当一家公司处于能量匮乏状态时，公司的整体能量就处于生存模式。行为表现包括悲伤、冷漠、不祥的预感和精神萎靡。实际上就是没有足够的能量。在能量匮乏的企业中，人们的行为表现为专制、缺乏信任、控制人和思想、忽视客户和消费者价值，以及紧握权力不放。

当公司或个人处于能量匮乏的状态时，最高目标是自保和延长存储时间。从能量匮乏的状态进行的任何改变都会导致能量不足，甚至没有足够的能量来接受创造性的解决方案。想想自己，回忆一下自己曾经精力不济、缺乏远见、没有足够的能量去创造性地工作、对积极变化无动于衷的时候。能量匮乏的组织发现自己错失了竞争机会，比如，前文提到的柯达公司，数字时代降临时，它没有重组到更高层次的能量水平，也没有成为变革领导者，整体能量匮乏的反应是冷漠。

没有一家公司或个人能够负担得起持续的能量匮乏的状态。在当今瞬息万变的现实中，变革的速度需要更高水平的能量，这就带来下一种能量状态，即能量中性。

能量中性是许多公司和个人都常常徘徊的状态。让我们面对它吧，每种能量状态都需要适当的时间来改变。我们可能因为突然变化的结果而进入能量匮乏的状态。我们需要识别出各种状态的信号，然后运用策略，有意识地将状态提升到尽可能高的能量水平，从而帮助我们和其他人以更快的步伐进行转型。作为转型的工具，发展识别能量状态并采取行动提高能量状态水平，是提升领导力运行系统的关键策略。此外，它可以作为一个工具使用，应用到与他人的互动中，训练他人、规划业务战略，甚至管理我们的个人生活。能量中性有一定的范围——从低能量中性到高能量中性。

打个比方，能量中性就像一辆汽车处于空挡状态。汽车停在原地，发动机在转，这时有足够的能量可让汽车运行，但如果没有投入更多的能量，即挂挡踩油门，汽车就继续保持空转。

当处于能量中性时，我们会在一些事情上花费大部分时间，例如写电子邮件、写一本书、做重复性的工作等都是能量中性的工作。当企业从能量匮乏升级到能量中性，然后通过创造更充足的能量来推动事情发生，继而，在实现充足的能量愿景时把时间花在更高的能量中性上，这样它们就经历了能量中性的循环。

如果我们能够增加充足能量到能量中性的任务中（更多的随后详述），那将提高能量和生产率。同时，能量中性也会成为一个大陷阱——这种状态可能会让公司或个人觉得自己已经足够好。公司可能会满足于它们所取得的成就而不再渴望更多。个人可能会安于舒适，不去争取实现他们内心的愿望。也许有一种普遍的文化信念，认为努力是进步的替代品，其态度是“如果努力就一定奏效”，而不是一种思维文化，即“如果我们提高能量状态，事情就会提升到更高层次，就会有更多的协同作用，更容易取得进步”。基于商业历史、从事业务的时间或是重复进行某些事物的文化商业运作模式，许多公司都处于一种能量中性的模式，而不是挑战现状、给系统注入更多的能量以创造更高的能量。

在低能量中性中，我们会用故事、借口、正当的理由和无数的原因，来证明某些事情不能做或不起作用。这个低能量中性的状态把重点放在为什么事情不能发生，而不是集中在带来更多能量的事情上：“看，我们是如何做到的。”

当一家公司或个人处于低能量中性时，它就像汽车在空挡，发动机正在耗油和发出怠速空转的声响。处在低能量中性时，公司不会有明显的进展，并会为裹足不前找借口。低能量中性的公司和人们会互相指责、寻找借口并对行为进行合理化的解释。

另一方面，高能量中性是关于优化和更高的运转功能。高能量中性包括提出解决方案、在亏损或变化时看到机会、采取积极行动和完成任务。然而，即使是高能量中性也可能成为一个陷阱。如果一家公司陷入其中，那可能会被蒙蔽接受那种已经足够好的幻象，也没有增加能量以更持续地关注能量充足的渴望。

今天，总的来说，能量中性是大多数文化的常态，高低不一的能量中性的人占据大多数。高能量中性的能量状态能取得进步，并给公司、员工和客户带来更多的可用能量。公司和变革领导者需要把重点放在能量的丰富性上，把高能量中性作为主要的能量状态。

企业的 CEO 和其他高管们在互动时至少要在能量充足上保持 50% 的状态，以便创造一种渗透文化和充满活力基调的能量状态。

当专注于高能量中性并转到能量充足状态时，公司和领导者需要关注以下方面：对伟大的渴望、对未来有一个引人入胜的愿景、利用已有的成果引导未来的成功、重视突发奇想、创新和创造性的解决方案。

为自我和他人创造可利用能量的终极追求，引导我们进入三种能量状态中最富有的资源状态，即能量充足状态。

当一家公司创造出一个成功运作的品牌时，这家公司的能量充足状态就会被展示出来。公司所有员工协同一致，持续关注高价值的事物，总是把时间花在能量充足的状态，比如乐观、创造性、创新和以世界为中心的关注。在能量充足的公司里，人们已经开发出不同工具和策略来帮助他们关注未来和解决方案。为了继续提高公司和公司员工的能量状况，能量充足的公司领导者也会追究自己和员工的责任，要求为自己和他人弄清原委。

能量充足的公司和领导者会带来未来和进步。对某件突发事件的自动反应可能转变成公司的赢点或增益。以下两个问题能确定你的公司或你是否正在以能量充足的层级上运行：

- 我们正在经历轻松的进展吗？
- 正在取得的进展是否协同且顺利？

如果你对这两个问题的回答是肯定的，那么你就能确定你的公司和你将大部分时间都花在了能量充足的状态上。作为一个推动转型的变革领导者，这里有更多关于能量充足的问题可以问你自己：

- 我如何才能优秀？
- 我如何能掌控情形？

- 我如何才能让这件事发生？
- 我们能做什么以成为行业中最好的公司？

使用能量状态作为转型的工具，你可能会问如何做到。好，首先是进行教育，使能量意识成为整个公司的资源。能量管理是一种创造结果和行为的新方式。社群和社会灌输给职场人员根深蒂固的认知就是时间是有限的，辛苦工作才是进步的唯一途径。

与掌控能量的领导者、团队和公司一起开始享受更多的工作，朝着共同的愿景和目标努力，并协同为员工和客户创造增值的方法。是时候开始培养意识、利用能量的杠杆了。公司正全力管理海量的信息，个人正寻求利用信息的智慧。当我们谈论在一个快节奏的世界中驾驭转型时，我们需要新的思维和新的方法，才能够在这个全新的信息时代蓬勃发展。

你可能会认为，任何公司或个人总是处于能量充足的状态是不现实的。首先，类似于肯·威尔伯的 AQAL 模型，一旦你的学习达到一个水平，你就学会了如何获取和保持能量充足，使它成为一种资源。

其次，一旦通过教育、培训和应用建立了能量充足的意识，你现在就可以用这种意识来构建新的结构，其中一个方法是为公司重新评估其流程、政策和程序。在我做咨询的时候，我发现许多组织仍然坚持 10 年前制定的政策，这些政策介于能量匮乏和能量中性之间，因为它们关系到为员工和客户增加价值。当通过丰富的能量聚焦来评估过程、策略和步骤时，你可以重建和重组支持公司现状的新结构。

我发现由于科技公司的工作性质是创新，所以它们保持着以高能量中性为基准的能量状态。如美捷步和 Facebook 这样的公司，它们把大部分时间花在能量充足和高能量中性上，因为领导者有以世界为中心的理念，以此出发制定其政策和流程，支持员工在能量充足的环境中工作，并创造一个以客户为中心且能量充足的方式。例如，成就今天的美捷步的能量充足方法之一，就是它们把免费送货理念贯彻得最彻底。开始，人们非常担心他们会赔钱。事实上，美捷步为在线零售行业创造了一个新的标准，紧随其后的是亚马逊和其他在线零售商。这就是能量充足的成果，它为整个系统增加了能量，在这种情况下，重点是增加了客户的价值！

最后，在建立意识和重组结构之后，你要开始建立基于能量水平的绩效评估系统、培训系统和协作系统。

对个人来说，要进一步提高对能量状态的意识及其对个人绩效的影响。随着意识的增强，重点是把大部分时间花在能量充足和高能量中性的思维和行为上。一位 CEO 或一位高层领导者希望在 90% 的时间里能量充足，为自己和公司拓展能量场域。最低限度的目标是每天、每周、每个月增加能量充足和高能量中性时间的百分比，直到你的大部分思想、行为和你所创建的结构实现能量充足。

你可以采取以下行动来保持能量充足状态。

- 通过专注于积极的和创造性的解决方案来选择提升你的思维。
- 当你经历挫折或挑战时，意识到恐惧，承认恐惧，接受目前的现实，然后选择一个新的、比那些被中断的更大更好的、引人入胜的未来。
- 把干扰视为生活或工作的循环中必要的一环，当你受到干扰时，学会以能量充足的方法思考，比如："这种干扰带来了什么机会？"和"我们能创造什么变得更持久和更好？"
- 问一些能量充足的问题，比如："在这种干扰中学到的是什么？"和"我们可以改变什么系统或结构来创造更多的增长和惠及所有人？”

- 当你发现自己卷入指责游戏时，立即转变为承担个人责任，吸引他人参与头脑风暴，寻求解决方案。
- 从事你知道能不断增加能量的活动，如运动、冥想、瑜伽，走进大自然，听令人振奋的音乐，与激励你的人交谈，看励志视频，列出清单，并把这些活动融入每天和每周的生活。

如果你在这么短的时间里取得这么多成就，这并不是因为你成了时间的主人，而是因为你已经成功驾驭了能量充足的力量。

转型的工具有许多，AQAL 模型和能量状态仅仅是可用的潜在转型工具中的两个。我相信，未来的工作需要这样的工具，它们注重于以世界为中心的解决方案，并专注于惊人的和尚未开发的能量。

我们很少意识到，我们最私密的思想和情感其实并不是我们自己的。因为我们思考的语言和图像并不是我们发明的，而是社会给予我们的。

——阿伦 · W. 瓦兹（Alan W. Watts）

The ~~Art~~ of Art

~~Change~~ Change

~~Leadership~~ Leadership

第 9 章

适应多元性格、不同世代和不同文化的艺术

领导变革中最重要的因素

贯穿全书，我已经分享了关于你如何成为一名转型者和如何适应变化的多种观点。在与组织和领导者合作的这几年中，我发现一个最重要的因素是成为“超级适配器”的能力。

你需要做什么？除了建立你的自我意识和改变个人策略外，你还必须掌握与他人联系、协调的能力，并尽可能地影响他人。

你如何才能做到呢？

你必须多维度了解构成个人生活和工作方式的方方面面。我在前面提到，未来领导者需要把持谦逊的态度，只有不断地对学习保持开放态度，人才能真正的谦卑。在领导变革时，领导者在拥有经验和技能自信的同时，坚持终生学习，对其他人也有着强大的影响力。

人们会信任一位终生学习的大师。最近，我和 E3 财富的马克 · 本森（Mark Benson）有一段愉快的谈话，你还记得我在前文采访过他的同事约翰吗？马克是激励约翰成为“公仆领袖”的领导者。当我采访马克时，他证实了成功就来自这一方法。

下面的访谈表明了，马克所拥有的转型思维模式不仅帮助他自己取得成功

（自我中心型），而且还实现了他的整个团队（族群中心型）的成功，并进一步促进金融服务行业（世界中心型）的转型。

马克访谈录

谢丽尔：你们为客户增值的方法使贵公司成为行业的领导者，从个人角度来看，你认为这个方法有什么不同？

马克：我参加了数千次与客户的会议，发现金融专业人士可以做如此之多的事来帮助他人，远超过我们以前和现在所做的。

谢丽尔：你能具体说说吗？

马克：我们提供了一个完全不同的方法和模式，为我们的客户带来超级的价值。我们注重更好的教育，让客户以不同的方式对金钱进行思考。金融专业人员需要更好的团队协作，不能再认为自己仅仅能提供看法和建议，需要更充分地理解客户真正所想。我们决定颠覆目前金融专业化方法的模式，希望成为变革领导者，这不仅仅是为了我们的客户，也是为了整个系统和行业。

谢丽尔：那么，想要改变这个行业的体系所采取的方法应该是一种以世界为中心的方法，并且肯定会在整个系统中创造更多的能量。你改变行业的方式有哪些？

马克：我们看到，金融专业人士最大的不足就是不能为客户增值。我们已经落后了，要快速改变现有模式。整个行业都是建立在客户害怕没有足够的钱，而导致对财富管理的恐惧之上的。我们现在把财富重新定义为拥有自由，而不是因为恐惧而积累财富。

谢丽尔：你能举出更多的改变方法的例子吗？

马克：例如，金融行业的规范是教人们做预算，一种着眼于我们不能拥有什么、恐惧和匮乏的方法。相反，我们现在所做的是停止教导人们做预算，而是让他们去以一种现金流意识的思维方式思考。旧的模式教人们积累，这是一个永无止境和令人不满足的方法。什么时候有足够的钱算够了？这种心态造就了不快乐的人！通过关注现金流意识和他们的生活质量，我们释放出能量，并因为客户的钱能为他们自己所用而感到兴奋，而不是让客户对银行存款的余额心生不满。

这就是为什么我们知道尽管许多有钱人一生都在积累来自不同渠道的钱，但他们的家庭关系很糟糕，或者他们很痛苦。我们希望金钱能帮助人们创造更充实、更富裕的生活。因此，我们正在改变在行业中所采用的模式。金融行业一个众所周知的秘密是，专业人士教人们如何积累资金，而他们给出的建议与他们的报酬挂钩。通过与我们的客户成为伙伴和盟友，我们根据他们所定的费用来确定我们能为他们提供什么样的最佳服务。这是促进整个行业转型的一种做法。

谢丽尔：你说的话对我来说真的很真实，因为我的公司背景是财务，而你所说的关于报酬与金融公司的目标而不是客户的目标挂钩，我在这个行业也经历过。你是说这将是金融专业人士所要做出的一个艰难的变革？

马克：是的，市场已经向金融专业人士证明，客户不再愿意听从建议。他们更了解情况，他们见多识广，寻找的是合作伙伴而不是顾问。那些积累资金的客户希望保持增长。我们关注的不仅仅是积累，我们更注重利用，这是一种彻底的改变。我想分享一个关于客户兼朋友的小故事，我们送给客户一个垒球比赛的入场券，客户非常感动，他们度过了一个非常棒的亲子日。这个故事的悲哀之处在于他们有钱买季票，而他们的金钱思想就是他们不得不积累，不能动用他们存的钱。这纯粹是悲哀！

谢丽尔：关于如何成为这个行业的转型者，你还有什么可以分享的呢？

马克：我们在金融讨论过程中关注的是涉及三代人的世代思维。这是前所未有的，因为以前的世代（如传统主义者）对他们的钱采取了封闭式的方法。自从我们关注利用之后，我们的做法是把所有的家庭成员都聚集在一起来谈论他们的生活，并且引导他们讨论如何利用金钱为整个家族创造富足。我们与几代客户坐在一起，带上他们的律师和其他专业人员，公开地交流一切用金钱能做的和生活质量有关的事情，以及怎样建立长期的财富并将为子孙后代造福。

谢丽尔：这似乎是显而易见的，但正如你所说的，对失去的恐惧阻止了开放的态度。对你和你的客户都很有效的世代交替的方法是什么？

马克：我们发现，几代人之间的公开交流对成功至关重要。有一本名为《衣衫褴褛》（*Rags to Rags*）的书深入探讨了富不过三代的问题。我们的做法是通过代代相传的资产管理来延续一个家庭的财富。

我们谈论的是你的钱将流向何方，你可以为此做些什么。有一种非常适用于家庭客户的方法，就是家庭银行的概念，借钱给家庭成员，维护家庭利益，利率比信用卡或贷款低得多。

谢丽尔：不管如何，在业务上你采用的是以世界为中心的方式，使你有一个广阔的视野来面对整个行业的转型。你这样做的初衷是什么？

马克：我们认为有必要帮助所有金融专业人士，而且对我们来说需要一个理想的模式为金融专业人士举办一场教育活动，扩大金融专业人士的业务范围。通过坚持用我们这个已证明对发展财务顾问的实践有益的模式，希望能帮助金融专业人士为客户创造更多的价值。

我们认为这个方法是行业的理想模式，在其他地方都没有发现过，所以我们创建了它，用一种团队协作的方法把金融专业人士的集成网络带到特定的市场。这个行业非常强调个人独特性，因此我们专注于把人们聚集在一起。我们取得了初步成功，并希望为整个行业创建一个集成的资源网络。

我们开始向那些合作型竞争而不是对手的金融专业人士提供一些活动，希望在行业中开始培育这些新方法。合作型竞争着眼于让所有人在未来都取得成功。我们的方法和模式已经使财务规划师的业务在19个月内增长了30%。除了引导我们的客户，我们还看到了引导整个行业的机会。这将促进整个行业的业务转型，使所有客户的价值升值。

谢丽尔：让我们谈点作为领导者的你吧，你一直是一个专注于转型的领导者吗?

马克：这是一个棘手的问题，我真的不知道该如何回答。20世纪80年代末和90年代初，当我还是一名高中橄榄球教练时，我采用了独特的团队合作能力即三角策略。除了当教练，我什么都不懂（我真想当一名教练）。我们赢得了两次州冠军，我工作努力，充满热情。当时的我很年轻，很早就可以执教了，第一个领导角色是在24岁我做了橄榄球队的主教练，接着在27岁时获得"密苏里州年度最佳教练"的殊荣。获胜真的是团队的努力，之后在28岁时，我成了另一所高中的橄榄球队主教练，作为一名教练展示出了非凡的领导力。

然后，当我33岁进入了金融服务业，我作为数学老师和教练的背景对金融服务业来说是完美的。很快，我在金融服务方面赚的钱比我做教师/教练赚的钱多，于是我换了工作。我的优势识别器（首先发现你的优势个性的指标）表明我有天生的领导才能和良好的领导力，而且我在擅长的事情上很有优势，这个判断很准确。

E3财富的创始人约翰·莫里亚蒂是我的学生，他和我有着共同的关注点，我们是一个伟大的团队，我们有过多次失败和做砸了的事情。我们在避免这类事再次发生上面已经花了很多钱，现在我们处在能进一步进行业务转型的状态。帮助我们驾驭变革的关键技能是以客户为中心的创新投资、创造性的财富管理方法和现金流思维练习。

谢丽尔：你似乎已经掌握了所有变革领导者所需要做的事情，那就是重视和适应人的需要。你是怎么做到的?

马克：我想应该是更加注重为他人增值和进行系统改革，而不是专注于自己。我常说，新时代的领导力是由谦逊和自信组成的。我关注领导者，把他们放在"能做"的范畴里，而那些具有谦逊和自信组合特质的领导者才能屹立不倒。我学会了分享知识、分享我所知道的。我们公司把员工不仅看作员工，而是视他们为合作伙伴。事实上，我们已经要求员工列出他们不喜欢做的事情的清单，承诺要让人们做他们喜欢的事情以示支持。我的哲学是，如果我们摆脱了不喜欢做的事情，就永远不想退休了！我们的核心群体大约有十几个人，他们都是超级明星，还有 25 个人表现优异。我重视人，我重视每个人带来的多样性。

从对马克的采访中可以清楚地看出，他是一位超级适应变化的人，他吸引和保留的团队成员也都是超级适应变化的人。在这段采访中，我最欣赏的是马克一以贯之地推行他的方法，率先垂范并激励他人采用这个方法。

在采访结束时，马克说他重视人，当把重点放在欣赏和重视他人时，总会有一种给他人带来价值的方法。

成为他人个性的超级适应者

马克还提到了使用识别个性工具，如优势识别器（strengths finder）。这个资源能很好地帮助了解自己的优势和个性优势。我使用过的模型还有 DISC 系统，以及其他一些现成的工具。了解并加以利用自己优势的能力很有价值，尤其是能够快速有效地提高你适应他人的能力，并把重点放在合作和创新上。我从事个性测试已经超过 20 年，并在我的第一本书《说你所想，想你所说》（*Say What You Mean—Mean What You Say*）提出了我的个性识别版本，我称之为 4D 识别法。

4D 代表：驱动者（Driver）；共舞者（Dancer）；细节关注者（Detailer）；守护者（Deflector）。

我的这个个性识别版本不是一个综合全面的方法，相反，它是一个一眼识别工具（参见表 9–1）。它能帮助你快速识别他人的个性风格，在与他人交谈、给他人致信或和一个团队相处时快速选择一个恰当的方式。

能够迅速适应不同个性的重要性不能被夸大。如我先前提到变革领导者需要成为终生学习者，对此我们需要秉承“经过了也做过了”的态度。

表 9–1　4D 识别法

驱动者的优势	共舞者的优势
说话快、节奏快	爱社交、友好
直接、切入要点	着眼大局
有远见、行动迅速	鼓舞人心、有魅力
大胆、愿意承担风险	有远见和创造性
专注、以结果为导向	有影响力、喜欢变化
有待提高的地方	**有待提高的地方**
不耐心	虎头蛇尾
太直白	容易异想天开
过于注重结果	为了改变而改变
容易不敏感。	容易过度承诺
与驱动者在一起时使用的语言	**与共舞者一起时使用的语言**
我马上就做	让我们玩得开心点
包在我身上	你对未来的看法是什么
你想要多久	让我们来一个头脑风暴吧
你想要的总体结果是什么	我们怎样才能改变这个结果呢
细节关注者的优势	**守护者的优势**
分析型	关心他人
批判性思考者	伟大的倾听者
注重细节	凭直觉判断
计划和结构	合作者
项目管理	有团队精神
有待提高的地方	**有待提高的地方**
容易决策迟缓	可能过于敏感
容易抨击事实	害怕做出决定
不愿冒风险	规避风险
容易过于挑剔	过于美好

续前表

细节关注者的优势	守护者的优势
与细节关注者一起时使用的语言	**与守护者一起时使用的语言**
我已对此考虑再三	让我们确信这会帮助人们
我研究过这个了	和你一起工作的人将赞赏你
我收集了数据	你帮了大忙
这是一份报告、电子表格、书面概述	对于此事，我们如何确保团队一致

我已经从事 20 年的个人性格测试，仍然在学习如何应用所学到的知识，而不仅仅把知识停留在理论层面。如果你做过其他类型的性格测试，那么你可能已经知道自己的性格类型。我要求你在这个部分的结尾进行回顾，然后采取行动来提高你的知识应用能力。先确认一下你所知道的自己，了解与你最不符合的两种风格。请牢记，即使再发展你的个性，并最终融入所有四个风格，也会以两种主要风格为主导。

就我来说，不管我做的性格刻画是什么样的，我都总是以作为一种社交者（共舞者）和一个驱动者出现，我一直在使用这些概念进一步发展和融入我的细节关注者（分析者）和我的守护者（温和者）的风格。如果你越能发展那些不是你的主要风格的领域，那你就越容易与他人互动。还以我自己为例，我在 20 岁出头第一次了解自己的风格时，发现自己显然是一个不成熟的共舞者 / 驱动者，我必须集中精力于需要改善的领域，以便发展自己的优势。现在，就我的年龄和阅历而言，我已经把所有四个象限的优势发展到相当高的程度，然而我每次和他人交流的时候仍在学习！

利用个性风格引领变革和推动转型的关键在于，它能利用一个快速的途径来升级管理系统，并能迅速带动人们跟随你。

最近，我和一个潜在客户进行了一次关于一起合作的谈话。这个客户显然是一个驱动者和细节关注者，我立即注意到我需要给他一个既直接又详细的应答。我简洁明了地谈了谈，描绘了他将取得的成绩和公司所能达到的成果，我承诺随后会发出一份详细的电子邮件和建议，以支持我们的讨论。结果，客户同意让我以顾问的身份参与一个重大项目。如果在过去，我会很容易就针对他的驱动者个性进行交谈，因为这种个性也是我的两种主要风格之一，我会完全避开他所需要的细节，因为我会认为那太麻烦了！很显然，这种做法在过去让我付出了代价。我强迫自己学习如何更善于分析、关注细节并形成书面形式，尊重分析者的需求。我把时间和精力投入到发展这方面个性的结果是，我现在与细节关注者的关系更好了，因为我学会了尊重和珍视他们的优势。同时，通过更好地理解细节关注者，我学会了加速决策，能很快地建立关系并取得信任。另一个例子是我的一个咨询客户——一家重要的生物科技公司 CEO 希拉。她是一个守护者和细节关注者，当我在一次领导力活动中第一次见到她时，我立刻看出她在大型聚会上的不适感，并且知道她的主要类型是守护者。我带着友好的微笑接近她并和她握手，然后随意地开了一个关于“这类聚会”的玩笑，她明显放松了。

当我告诉她我是做顾问工作的时候，她立刻决定雇用我。在我早期的职业生涯中，我对守护者很不耐烦，因为我发现他们太想做好人而无法快速做决定。当然，我当时粗暴的作风疏远了守护者，这对我没有任何好处。随着不断地学习、关注和怀有与守护者进一步建立关系的愿望，我已学会真正欣赏他们与人合作、关心他人和“用蜂蜜带来更多蜜蜂”的能力。

之后，我在公司内部培养守护者，作为我工作的盟友以支持变革计划，利用他们作为影响者和宣传者的能力建立健全团队。作为我的守护者 CEO 客户，希拉很重视我天生驱动者的技能，也正在发展自己的这些技能，而我也乐于支持她和她作为守护者的转变过程。下面这个简洁的、科尔斯（Coles）注释版的个性测试是要提醒你，这是一个非常宝贵的转型驱动工具，为了成为一名变革领导者，你要对这个工具运用自如。当领导变革、以适应人们个性的方式让他们凝聚起来，你需要考虑以下八个问题：

1. 你对自己的个性风格有深刻的了解吗？
2. 你关注自己的个性优势吗？你是否在以谦虚的态度学习如何改善自己的个性领域？
3. 你是否重视与自己不同的风格？
4. 你是否使用每种风格的语言来更快速地适应他人？
5. 当你接触某人时，你会专注于识别他的个性风格吗？
6. 当你因为某人感到沮丧或愤怒时，你会停下来考虑他的个性风格，以及怎样去适应他吗？
7. 在与不同个性的人共事时，做什么更有效？
8. 在接下来的几星期里，集中精力练习快速识别个性风格，然后用你所知道的知识适应他们，并检测结果。

多代同堂的变形器

除了具备变革艺术的领导者所必需的个性适应技能之外，你可能也意识到要处理职场中多世代同堂的现实。

多代同堂变形器是指识别不同世代人的态度的能力，一种重视差异并能据此调整自己方法的能力。我在《101 种让 X、Y 世代和变焦者快乐工作的方法》一书中提到过这个工具，当涉及时间、资历和工作与生活的融合时，它是一种很好的资源，可以促进人们更好地理解不同的态度。在快节奏的职场，随着技术的影响和一代人态度的改变，现实、生活和工作将永远不会一成不变。具备识别代际，从而使你的沟通、领导力和系统都适应这个现实的技能，是推动转型成功的一部分。

对世代研究有不同的方法，人口统计学非常具体地集中研究每一代人出生的年份，而人口统计学对每一个世代段的构成的不同观点之间也有差异。我更喜欢简单易懂、能帮助你快速识别一个人的世代的方法，然后在互动的时候考虑到世代的态度和价值观的因素。

快速识别各世代请参见表 9–2。从表 9–2 中可以看出，每一个世代人群的成长，和形成他们态度和价值观的环境都会对其产生诸多影响。随着科技影响和世事变迁，许多价值观正在世代之间交替变化。你要清楚，我的做法不是把人放进框框里或在从年龄歧视的角度来区分。你可能是一个更像个 Y 世代的变焦者（不服老的婴儿潮一代），你也能成为更像一个传统主义者或变焦者的 X 或 Y 世代。世代信息的关键用途是建立意识和提升适应能力的技能，以便更好地与职场中的不同世代建立关联。

为了做一个世代同堂变形器，你必须学会欣赏塑造了每一代人态度的事物，更重要的是用这种意识去接近每一代人。有一种新的语言正在出现，因为 Y 世代正在职场产生主要影响。

我写了一篇关于如何与 Y 世代沟通获得最佳效果的博客。这里有一个摘录：研究表明，Y 世代（20 多岁到 30 岁出头的人）不想回应许多传统主义者和变焦者不得不忍受的批评。然而，Y 世代确实会对训练、反馈和也称之为“蜂蜜”的技能发展做出回应。

表 9–2　　世代的价值观

传统主义者的价值观（1946 年以前出生）	变焦者价值观（1955—1969 年出生）
传统的	叛逆的
尊重长辈	他们想一直工作到退休
对雇主忠诚	心理治疗与感情接触
资历与线性管理	努力工作到死
任务导向	父母双方都要为我们的孩子工作
不要质疑权威	一定程度上忠于雇主
不要花的比挣的多	纵容自己的孩子
不要表现出情绪	不想等待美好的事物
努力工作	承担更大的风险
法律和秩序	在职学习
（这个时期的主要事件是第二次世界大战和大萧条）	（这个时期的主要事件包括电视普及、民权运动、繁荣、他们重视健康和身心健康、个人成长和参与）
X 世代的价值观（1965—1980 年出生）	**Y 世代的价值观（1980—1995 年出生）**
努力发出自己的声音，因为他们被挤在婴儿潮一代和 Y 千禧一代之间	放任的一代
创新、乐于冒险	高度创造性
家庭——为家庭而花时间	从来不知道没有技术的生活
努力工作，然后面对家庭现实	不想离开家（他们爱他们的父母）
等待婴儿潮一代退休或被提拔	寻找他们喜欢的工作
职业生涯中至少会换 3~5 次工作	想从每一个雇主那儿得到最多
被精简或被裁员	一生中至少换十几次工作
想要冒险和更少的束缚	生命第一，工作第二
想要额外待遇	不尊重他人，除非赢得了他们的尊重
不一定遵循等级制度	想在工作中获得乐趣
（这个时期的主要事件包括 MTV 开始流行、水门事件和柏林墙倒塌事件以及 20 世纪 80 年代初的高利率危机。他们重视多样性和全球思维）	忠于人民而不是雇主
	（这个时期的主要事件包括校园暴力、恐怖主义、电视脱口秀、YouTube，iTunes 和“吉他英雄”）

与 Y 世代交谈

在前面的章节中，我提到了对 Y 世代需要使用鼓励性的语言。在与 Y 世代交流和谈话时，要记住的关键一条是他们是在赞扬声中长大的。多数 Y 世代的父母用“你是特别的”“你能做任何事”或“不要害怕要你想要的东西”之类的语言来鼓励他们。Y 世代在职场上期望他们的价值被认可，并期望以一种振奋和积极的方式与人交谈。Y 世代不会对直接批评做出很好的回应，但他们会对赞扬和能帮助他们快速达到目标的建议做出反馈。

在过去五年里，我已经介绍了我的代际研究成果。通常，当我介绍 Y 世代的态度和价值观时，听众会像这样向我提问：“Y 世代最终会不会像变焦者那样？”

我回答：“不，这一代人一点都不想成为和他们父母一样的人。因为技术的原因，他们也必定不会走到那一步。变焦者生活和工作在这样的时代：当他们年轻的时候他们不得不找一份工作养家糊口，为了保住自己的饭碗，他们可能无所不用其极。相反，被变焦者和 X 世代养育的 Y 世代，他们在家里的时间更长，会使用笔记本电脑或 iPad 开始创业，他们发现享受自己所做的事情会更有价值，而不会出于义务和责任去做事情。”

这总会引出另一个问题，那就是：“Y 世代一旦建立了家庭，他们会不会屈从于现实开始找一份真正的工作？”

我的回答是：“不，Y 世代是创业者比例最高的群体。Fast 公司最近的一项调查显示，超过 70% 的 Y 世代员工会创业，而不会是在他们不喜欢的公司工作或从事他们不喜欢的工作。”

在这一点上有人讽刺地指出，他们正在用父母的钱来创业，虽然这可能说出了部分事实，但许多Y世代已经创造性地转向互联网融资，如kickstarter.com和其他众筹网站，来获取资助以推动创业启程。

现在，如果你读到这里，你会对Y世代的态度感到沮丧，是不是因为似乎事情对他们来说更容易？这就回到了我们在前面几章中所提到的关于在越来越高层级上继续重组的组织，而这些组织的重点是实现能量富足。Y世代的态度是：他们觉得没必要像自己的父母那样努力工作，他们相信可以利用技术来更聪明地而不是更努力地工作，也可以利用技术来享受生活。坦率地说，我喜欢Y世代的这种态度，我相信他们的这种态度将改变未来的职场。随着越来越多的Y世代进入职场，他们将继续在利用技术、为客户价值和创造一个把工作价值与生活价值结合起来的职场方面施加影响力，在我看来，这一切都是好事。

X世代在职场中介于变焦者和Y世代之间，也是变革推动者的组成部分，现在占据着独特的位置。如果你是一个X世代，读到这里，你可能已经得出了这点——为了加快变革前进的步伐，你需要结合变焦者和Y世代的优势。X世代通过与变焦者共同工作、在变焦者所创建的系统下和领导技术创新的前沿中工作，在经验上获益匪浅。当X世代可以集中精力掌握变革的艺术时，领导层会想办法创造性地发挥每一世代在职场中的能力。

我的一名客户是一位有创造力的X世代的高层领导者，他提出了一些想法，如把Yammer引入职场作为一个内部的社会媒体网站；使用Work.com作为实时绩效评估系统来吸引Y世代（也恳请变焦者使用）；使用Axonify.com中游戏化方法为重复训练模块（如学习安全方案等）创建游戏，等等。这位X世代领袖非常有才华地将变焦者行之有效的经验和知识带给Y世代，然后Y世代就能够利用技术来改进当前的成果。他还创建了Y世代理事会小组，专注于提供在利用技术改善客户服务方面的关键见解，还提供学习包，帮助变焦者和X世代学习如何利用现有技术。

许多和我一起工作的变焦者是先进技术的技术通，当涉及技术知识和应用时，他们表现得非常像Y世代。在许多公司，我仍然可以看到代沟，是因为有一些变焦者的固定思维模式所致，他们还需要时间去适应Y世代的态度和价值观。许多偏见仍然存在，如认为Y世代懒惰或不知道如何面对面沟通等。几年前我进行了一次Y世代调查，问他们是否懒惰以及是否带有特权的标签，Y世代毫不含糊地回应，他们并不懒惰，他们只是很有效率地以自己享受的工作方式来工作。对于被贴上特权标签的偏见，Y世代认为很多变焦者和传统主义者因为工作时间较长而表现得有话语权，实际上Y世代可能没有在工作上花那么多时间，但可以更快、更有效地工作，即花更少的时间在工作上。关于面对面交流，Y世代认为通过Facetime和Skype是可行的面对面交流形式。对于变革领导者来说，有诸多的机会来进一步增强世代间的沟通意识，因为这是通过变革进行转型的关键成功策略。

对领导变革和业务转型很重要的另一点是，承认多元文化对企业未来的影响。

拥抱多元文化价值观

展望未来，你会更加意识到适应个性和世代的重要性。另一个关键因素是适应构成企业的不同文化。在人才竞争和持续劳动力短缺的挑战下，一个主要的解决办法就是衔接不同的文化。我有一位在加拿大安大略的建筑客户，他在为一个政府项目工作，这个项目需要从欧洲雇用临时工人。虽然他的公司为了培养新人才投资了学徒计划，与当地的学院和大学合作，但人才短缺和技能差距成了压倒性的挑战。他解决这个困境的方法是雇用来自另一个国家的熟练工人。起初，这是一个很大的挑战，因为工人们几乎不讲英语，尽管他们有建筑技能，但语言障碍是个问题。领导层想出了一个变革领导者解决方案。他们开设了内部英语课程，重点教授建筑行业所需的语言！他们还利用智能手机上的翻译应用程序来改善工作现场的交流问题。

研究指出，弥补劳动力短缺的措施会伴随着多元文化现象，因此，每个人都必须提高自己的文化意识并与之相适应。

我最近和一家大型航空公司合作，这家公司内部存在 30 来种不同的文化。本来他们要求我提供一个关于领导力和变革的培训课程，但很快就演变成多元文化适应课程，因为证据表明这家企业内部的多元文化互不兼容的问题已存在多时。理解每一种文化都存在挑战，否则会导致交流的破裂。

我们花了一段时间来认识不同文化的态度和价值观，以及学习如何以尊重和褒扬不同文化的方式来实现交流和领导。未来的职场将是一个动态变化的地方，充满了多元文化、持续的代际价值鸿沟以及不同的个性和行为方式。发展你的技能，使你变得敏捷、善于处理这些问题，这将成为你作为转型驱动者变革成功的关键一环。

现在的奈飞（Netflix）比哥伦比亚广播公司（CBS）的颠覆性更大。

——摘自 Twitter@joannmoretti，2015 年 4 月

The ~~Art~~ *of*
Art
~~Change~~
Change
~~Leadership~~
Leadership

第 10 章

领导个人和组织变革的三步变革过程模型

拥抱颠覆

“颠覆”这个词在科技公司和创新公司的领导者中颇为流行。现在全球日益达成共识，创新往往伴随着颠覆，有些东西需要被干扰和颠覆才能转化为更高一个层级。当下，高科技公司正避免“颠覆”成为一个被滥用的术语。

那天晚上，我和丈夫雷吉在看《鲨鱼池》(*Shark Tank*)。我之所以喜欢这个电视节目，是因为它展现了企业家和创新点子的组合。在节目中，一位妈妈和儿子介绍一个他们设计制作的叫马桶矫姿凳（Squatty Potty）的产品。我很犹豫是否在这本书中分享这个故事，但这是一个关于“颠覆”很好的例子。这位母亲发现，随着她年纪渐长，她需要一个“解决便秘问题”的更好方案，于是发明了马桶矫姿凳。

其实，世界上约有三分之二的人都面临便秘问题，这个产品对你来说更健康有益。当然，这个略微难以启齿的概念经过奥兹博士秀（Dr. Oz Show）这个节目的演绎轻松化解了尴尬，将观众逗得咯咯笑，并得到了推广。节目中，这个产品的投资人洛里·雷格纳（Lori Greiner）和这对母子搭档谈论了关于马桶矫姿凳的由来，并分享了如何使销售额一飞冲天的故事。颠覆可以有多种形式，它可以是一个颠覆性的产品或服务，甚至颠覆整个行业，比如苹果 iPhone、奈飞、优步等公司。颠覆也可以表现为改变客户的习惯、细分客户不同的欲望和需求。再以柯达公司为例，当时市场和客户正在走向数字化，而柯达公司却试图抓住以前的客户习惯使用胶片的行为。

优步这个例子很好地诠释了如何颠覆整个行业。无论到北美哪里旅行，我都会使用优步，因为我喜欢它的服务。当然，出租车和高端租车行业企业主不喜欢优步所造成的颠覆。任何行业都有一个保护系统，当行业受到威胁时，就会有抵抗。然而，由消费者需求驱动的颠覆是很难防止或抵抗的。在加拿大温哥华，出租车司机坚决反对优步在城市中出现。具有讽刺意味的是，市场没有足够的出租车服务来满足客户，出租车公司还希望尽量减少出租车数量而获得更多的服务机会。当颠覆被抵制的时候，它并不会停止，它发生的基础是给消费者增值。当人们和公司不欢迎甚至抵制颠覆的时候，他们试图阻挠并缩小系统而不是扩大。我的感觉是，优步最终将为所有城市提供服务。为什么？因为消费者需求！

另一个类似的行业颠覆性案例是爱彼迎（Airbnb），它的业务是提供在线短期住宿服务。最近，我在纽约的一个酒店行业活动中担任主旨演讲人。另一个酒店行业讲演者谈到行业趋势时，提及爱彼迎上登记酒店入住率超过 30%。酒店行业将这种颠覆视为提升宾至如归服务特色的机会，它们也正在建造更多的套房酒店和其他设施来应对这一挑战。

技术正在颠覆着每一个行业。在制造业中，机器人技术正在迅速普及，并正在扰乱生产制造的模式。音乐行业已经被 Spotify 公司和其他流媒体服务颠覆了。出版业被在线内容、电子书和在线读书及消费者对视频、文字和音频融合内容的需求所颠覆。金融业正受到在线财务规划和财务管理工具的颠覆，这使得金融规划者和经纪人重新审视除了提供信息之外还能如何增加价值。保险业正在受到诸如易宝（Esurance）和其他提供保障解决方案（由消费者控制服务）的网站的颠覆，甚至娱乐业也正被人们可自由选择他们感兴趣的在线视频媒体所颠覆，人们不再需要打开电视看电视台预先设定好的节目。

用颠覆引导个人和组织的变革

在研究模型和解决方案或者讨论如何使用模型来引导变革之前，我们先来谈谈个人颠覆。它与施加给你的个人现实的颠覆是有关系的，因为这确实是成为变革的超级适应者的关键所在。当发生颠覆时，拥抱颠覆、快速回应并积极采取行动的能力是推动个人变革的关键技能。想想那些曾发生在自己的生活和工作中的颠覆，对你来说意味着什么？你的反应如何？你从中都学到了什么？它引发你做了什么不一样的事情？收获是什么？

你的成功将建立在你对颠覆的容忍程度以及应对颠覆的灵活敏捷反应能力的基础上。你必须围绕强健你对颠覆的敏捷反应的肌肉展开，然后才能成为比以往任何时候更能迅速适应变革的转型大师。你可能一直能够处理许多颠覆并把它们转变成对你和他人有利的条件，或者你可能是一个对确定性或稳定性有更高要求的人，因此你对颠覆的容忍度很低。无论你是哪一类人，你都可以像锻炼肌肉一样练习敏捷性反应并最终达到随心使用。在我的职业生涯早期，我离开了银行去了保险业。从那以后，我一直领导一个大型信用合作社的抵押贷款项目，它们之前从未有过抵押贷款区域经理，我的职责是在一年内把抵押贷款业务发展到 1000 万美元。当时这个地区的贷款业务额大约为 500 万美元。我和我的合伙人在 10 个月内完成了 1000 万美元，而这却给我传递了一个信息，由于我们把抵押贷款组合卖空了，我们没了工作。这仅仅发生在距离抵押贷款保险公司上次裁员 10 个月之后！很明显，对我来说这是一个颠覆性信息。后来信用合作社给了我一个分行经理的职位，我拒绝了，因为我知道我会在这个职位上停滞不前。当我在银行的时候，我已经是一名助理分行经理，所以我选择了离开。我回到家告诉丈夫我辞职了，我想创业。当时我并不知道我要做什么，但知道颠覆的发生是有原因的。在我 20 岁的时候，我的父亲突然去世，在这之前他是一位企业家，我记得我当时由衷地感慨生命太短暂了，而正是这种想法帮助我选择了创业。

在那段时间，我遇到了一名企业教练迈克尔，我跟他学了一年多之后去了他的咨询公司实习一年。实习一结束，我就决定自己干。那是 1994 年，我再也没有回过头。我有很强的抗挫能力，并不是因为我天赋异禀，而是因为我学会了在颠覆中观察并倾听它所要传递的信息，然后采取积极的行动。

正是由于我对颠覆的高度宽容，我选择了这样一个领域，通过提供挑衅性的思想、想法和对规范的挑战，成为这个领域的颠覆者！这本书本身就是一个颠覆！

现在轮到你了，你的故事是什么？

关于你个人经历的颠覆是什么？

你是如何利用它们并从中吸取教训的？

如果你在读本书，并且已经认识到有机会对颠覆、变革和创新有更高的宽容度，你会怎么做？

你的行业目前面临的颠覆是什么？

你的公司如何利用颠覆来改变你的业务做法？

你的员工对颠覆的容忍度是多少？

作为变革领导者，你是否在帮助他人认识到拥抱颠覆的价值？

作为三步变革过程模型的一部分，下面的步骤将帮助你和你的公司拥抱颠覆。

1. 通过询问前面的问题来评估自己对颠覆的容忍程度。
2. 根据前面的问题开展讨论，评估团队对颠覆的容忍度。
3. 通过让整个高层领导集体分析行业中存在的颠覆，并通过对颠覆的容忍度建模来让你的公司在行业中成为转型的驱动者，从而对公司的颠覆容忍度进行评估。

一旦进行了评估，你就了解了自己和公司对颠覆的容忍程度，并把评估结果整合到你的战略计划中。你还需要引进一名顾问或协调者，来帮助高层领导团队深入进行颠覆容忍度分析，并制订计划和策略以支持公司的增长和转型。

三步变革过程模型的下一步是为自己和其他人的英雄之旅做好准备。一旦拥抱了颠覆，分析了对人员、公司和行业的变革采取什么样的引领和推进行动，你现在就必须召集自己的团队真正地投入到愿景中去，并承担各自英雄之旅的职责。

承诺英雄之旅

英雄是把自己的生命奉献给比自己更伟大的事业的人。

——约瑟夫·坎贝尔（Joseph Campbell）

《英雄之旅》（*The Hero's Journey*）

许多领导者非常熟悉《英雄之旅》。对于大多数领导者，特别是变革领导者而言，选择踏上英雄之旅就是把领导力视为超级英雄方法。个人可以改变和影响世界的现实，是朝着目标迈进的强大力量。当相反的想法出现时，一个人认为自己单打独斗、没有力量去改变任何事物或影响任何事物时，就会保持无动于衷和零能量。任何一种信念都可以成为主导思想。老实说你选择哪一个？

作为变革领导者和转型推动者，你很可能大部分时间都相信自己所说的和所做的确实会产生影响，否则你就不会承担你目前的角色，也不会读关于驱动变革的书。每一个关于英雄的故事都描述了主人公在旅途的某个阶段中遇到疑惑，类似于“灵魂的黑夜”，然后选择重建他的内在英雄，并奋力前行来推动变革。在三步变革过程模型中，你必须明确地做出承诺投入你自己的英雄之旅，也帮助引导其他人踏上他们的旅程，创造一个让整个公司欢呼雀跃和令人信服的成果。

英雄之旅可以被视为你个人渴望的、想要的生活和在工作中成为超级英雄的故事。狄巴克·乔普拉（Deepak Chopra）把这写进了他的《超级英雄的七种精神定律》（*The 7 Spiritual Laws of Superheroes*）一书中。超级英雄的整个概念真的吸引了 X 世代和 Y 世代，因为它已经铭刻在他们的成长记忆中，伴随着无数的超级英雄电影。X 世代和 Y 世代也是游戏的世代，他们从孩提时代起玩的电子游戏都是通过拯救世界和获得积分来赢得英雄称号的。

变焦者可以参照超人和神奇女侠所处的超级英雄时代，它们极其吸引年轻一代。X 世代、Y 世代正在寻找主流电影的超级英雄团队，像《X 战警》（*X-Men*）和《银河护卫队》（*Guardians of the Galaxy*）。超级英雄的电影已经从孤胆英雄转变为英雄群体，其中每一个都用他们的天赋来拯救世界。

你如何对英雄之旅做出承诺？首先，你必须看到自己和工作有着更深远的意义，而不仅仅是一份工作或只是一个小小的你。其次，你必须沉浸于一种思维方式，专注于参与更伟大的事情，并且相信它具有比你以前曾经所想象的更深远的含义。

可以进行一项很好的练习——创造一个英雄之旅的路线图。这是我在变革领导力培训班上指导领导者所做的练习。在英雄之旅路线图中，你可以创建一个可视化工具，显示你现在的位置和你想要在给定的时间内达到的位置。当你面对某些障碍时，这个工具可以帮助你直观地了解需要提供的资源，并提醒你为了实现目标，你需要做什么。

变革领导者和转型驱动者创造积极的故事和神话，他们将这些故事和神话作为一种鼓舞人心的指导工具来提醒自己的旅程和终极目标。你已经知道什么样的思想和行动能让你有动力、专注于目标并有可视化工具来提醒你自己和参考，这样可以帮助你在遇到挑战或灰心丧气时集中能使用的资源。

引导他人投入英雄之旅

没有其他方法可以激励他人去宣告自己加入英雄之旅，除非你已经给出示范。当你对成长、学习和更大愿景承诺做了示范，它就肯定能激励他人去做同样的事情。最近，我对美国的200位领导者进行了一次调查，其中一个多项选择题是："作为变革领导者，你发现与领导变革有关的最大挑战是什么？"

可选的答案是：

A. 让所有的团队成员都认同这一愿景；

B. 让所有团队成员在最高绩效水平上工作；

C. 让所有团队成员利用技术；

D. 让所有团队成员更具有企业家精神和创新精神。

在这四种可能的答案中，你认为选择哪种答案的人最多？答案是B，“让所有团队成员在最高绩效水平上工作”。超过43%的受访者认为B是他们最大的挑战。这一点关系到如何激励他人去完成他们成为变革领导者的旅程。当团队成员与“为什么”联系在一起时，即理解“为什么”他们所做的是重要的；“为什么”他们需要在高绩效水平上工作；“为什么”他们需要投入到英雄之旅中时，他们才会更进一步。我的许多咨询客户都证实了这一点，最大的挑战是激励和领导达成最高绩效。

一个有效的解决方案是帮助团队个人与他们的英雄之旅联系起来，承诺以英雄团队作为整体的团队目标。英雄之旅的概念并不是激励人们更努力工作的工具，反而会适得其反，因为你的团队会把它看成又一次试图压榨他们的幌子。这一点至关重要：英雄之旅是一个完整的全身心投入的过程，包括取得进展后的奖励、认可和庆祝。你可以把英雄之旅作为一种有趣又强大的方式，让个人参与其中，为整个团队和公司创造能量，同时朝着与团队中每个人利益都相关的目标前进。

让人们参与未来的机遇和领导变革的关键因素之一是庆祝。根据我的经验，很多领导者都是在这里折戟的。他们把很多事情的重点都放在制订计划、目标、时间表以及想要的成果方面，而在帮助所有团队成员参与英雄之旅方面所给予的能量较少，通常的情况下庆祝里程碑事件的能量则少之更少。庆祝活动是关键，否则关注点都在追求结果上，那会让团队的人都变得厌倦、枯竭、失去能量。

庆祝成功

因为职场的演变和组织面临的巨大变化，公司即使只获得很小的胜利也需要庆祝。许多高科技初创公司理解这一理念，并从创业初始就从心里默默庆祝。传统组织创造庆祝文化时可能会面临挑战，然而这是可以做到的。事实上，很多传统组织进行积极变革的途径之一是将心态转为创业心态。

最近一年，一直合作的一个客户在我的帮助下成立了一个新的事业部，并为他的公司开发了新产品。该公司已经有 30 多年的历史，并且现有的服务已经很成功，现在，公司 CEO 希望将这些服务扩大到新市场、寻找新机会。当我们策划如何把这件事做到最好时，发现需要所有利益相关者达成一个一致的关键协议，就是把这个新方向和新的事业部看作创业的开始。通过关注新事业部的开张，每个人都必须像企业家一样思考，允许起步慢一些，允许人们在前进路上遇到挫折。此外，通过把新事业部看作一个创业部门，其他更传统的业务部门也可以把它用作创新实验室。

科技行业的初创企业都知道，成功会有止境，也会有起点，而庆祝那些不仅仅注重结果的里程碑式的节点，会保证团队的长期参与和活力。《初创公司的鸡尾酒会》(*Startup Mixology*) 一书的作者弗兰克·格鲁伯 (Frank Gruber) 花了整整一个章节来讨论初创公司的庆祝动力，他的想法适用于所有的公司。当你已经完成三步变革过程模型的前两步，即拥抱颠覆和承诺英雄之旅时，第三步庆祝成功就是锚。如果一位领导者或一家公司只专注于创造结果而不庆祝旅程的各个节点，人们就会觉得被低估了，低能量中性的冷漠情绪就会迅速产生。目前，一个自然资源行业的咨询客户正经历着巨大的变革，其 CEO 正面临着主要产品受市场的巨大影响而且正经历诉讼。员工们在应对提供优质客户服务的挑战的同时，还要应对因为诉讼而引发的各种限制和障碍。换句话说，他们现在止步不前，直到诉讼有了进展才能取得更大的进步。在我主持的一次领导团队会议上，我们谈到了在这个极其困难和紧张的时期保持整个团队的参与和庆祝的重要性。首席运营官和运营总监同意了，并一直在策划活动并庆祝取得的进展。例如，就在最近，该团队想出了产品交付的创造性解决方案，整个公司在某个工作日结束时都去参加了卡丁车比赛，CEO 还带动整个公司进行了一次办公室艺术创作的团队建设活动。在进行大规模变革时，重视持续的庆祝活动具有很高的价值，这个理念需要植入到正在进行的活动中。正常情况下，大多数领导人和公司只庆祝重大胜利，但那些大事件之间可能存在很大的间隔。庆祝里程碑式的小事件会让每个人都积蓄能量。

我的一个同事斯科特·弗里德曼（Scott Friedman）有一本关于庆祝的书，书名为《从世界上最受尊敬的组织那里学到的庆祝经验》（*Celebrate—Lessons Learned From the World's Most Admired Organizations*），我建议你去仔细看看，里面的想法和故事都是关于团队和公司把庆祝的动力当作持续变革工具。

以下有六个理由可以说明为什么庆祝可以促进工作场所的变革。

1. **持续的庆祝活动提供了持续的积极关注和能量。**例如，你的团队可能还没有达到完整的季度目标，但他们取得了关键的一步，下个季度可能会取得翻番的结果，这值得庆祝。

    此外，当一个团队没有达到盈利目标时，这就是询问执行情况，并对产品、服务和销售过程进行实际检查的机会。你可以庆祝所学到的东西，庆祝下个季度超过目标的计划。在没有取得成果的情况下庆祝，这与目前组织的运作多少是有点相悖的。通过寻找相关的缘由来创造一个不间断庆祝的工作环境，你就创造了一个让员工觉得自己的贡献具有价值的工作场所。当文化被设定为只奖励结果时，员工就会有一种挫败感，因为目标总是水涨船高，让人够不着。庆祝这段旅程会建立更大的信任和培养团队精神，并能持续不断地为达成结果加油。

2. **庆祝是给予大家休息的机会。**研究已经证实了美国 X 世代和 Y 世代重视休假，特别是可以与家人共度的假期。例如，你的团队在一个项目上马不停蹄，他们最终领先了，不管进展是大还是小，一个很好的庆祝方式就是让他们休息一天，或者让他们在周五提前回家。几年前，与我合作的一家建筑公司将这一做法又提升了一步，包括为员工组织家庭活动并买单，如共进晚餐、看电影或进行其他娱乐活动等。这对团队来说意义重大，因为他们觉得不仅自己所做的工作有价值，还因此给他们的家庭带来了价值。
3. **庆祝是留住顶尖人才的一部分。**我们已经有了这样的观念，持续的变革是大多数公司的新常态。在过去的 20 多年中，我采访过的每一位员工都证实，如今的变革步伐就像是参加一场持续的马拉松比赛。庆祝活动就像是为马拉松提供“中途补水”。如果你参加过 10 英里[①]长跑、半程马拉松或全程马拉松比赛，你就知道中途补水是很必要的。运动员们知道，补充系统对于保持耐力完成竞赛至关重要。把小型庆祝活动和持续庆祝活动作为达到小目标和大目标、创造商业成功所需变革的关键因素。

很多公司都有这样一种文化，所有员工都以最快的速度前进，然后他们就会精疲力竭、生病或崩溃。将庆祝活动融入其中可以减少生病和崩溃的可能性。那些有庆祝活动的公司所面对的出勤率的挑战会更小，而流失人才到竞争对手那里的概率也更小。

有一个关于留住员工的有趣发现：许多员工，即使在工作中很开心，也会计划离开他们现在的雇主。这是人口结构和全球机会快速变化的一部分，X 世代和 Y 世代总是在寻找下一个更好的选择。例如在印度，2012 年美世公司（Mercer）的一项调查发现，54% 的印度工人正在认真考虑离开他们的工作岗位，这一数据在 16~24 岁的年龄组中飙升至 66%。其他独立研究证实了离职意向与实际离职之间的相关性。真正诡异的是，考虑离开的人甚至不是工作非

① 1 英里 ≈1.609 千米。——译者注

常郁闷的人群。在接受调查的印度人中，有 76% 的人对自己的工作感到满意，75% 的人表示对自己的公司感到满意。

持续的庆祝活动不仅是公司持续变革领导力重点的一部分，也是提升员工留存率战略的一部分。

4. **庆祝将提升这样一个事实：你的公司是一个有趣的工作场所。**不要笑，一家有趣的公司总让人们趋之若鹜。有许多“最适合工作的公司”在运营中加入了有趣的因素，以提高吸引和留住员工的战略。像谷歌、Twitter 和美捷步这样的公司都把有趣的企业文化作为它们战略的一部分。Y 世代特别喜欢那些轻松自如的领导者和公司以及工作中有趣的方方面面，并且很喜欢工作中的庆祝活动。

   每年，最佳工作场所研究所（Great Place to Work Institute）都要调查成千上万的员工，根据他们的经历评价职场的因素，其中就包括“这是一个工作有趣的地方”这一项调查。在《财富》杂志评选、由最佳工作场所研究所提供的“100 家最适合工作的公司”榜单中，供职于“最适合工作”的公司的员工的反应是压倒性的——平均有 81% 的人回答说他们在一个“有趣”的环境中工作。这是一个令人信服的统计数据：最适合工作的公司的员工也在公司拥有最好的时光。在“适合工作”的公司，即那些申请加入但没有进入前 100 名的公司中，100 名员工中只有 62 名员工表示他们在享受乐趣。

5. **庆祝为你的客户创造了一个故事。**“没有人比你更关心你的故事。”格鲁伯在《初创公司的鸡尾酒会》一书中写道。庆祝活动，比如公司周年纪念可以为你的客户创造一个关于你的品牌的故事。

   讲故事，就像大多数品牌所使用的一样，通常是一条单行道，即品牌向潜在的客户讲述故事。我们需要让整个公司参与集思广益的庆祝活动，为员工创造机会，以庆祝的方式分享他们为你的品牌工作的故事，以多种方式为你的品牌增加价值。首先，它向外面的潜在员工展示了公司的趣味性和包容性。其次，它向市场提供了一个关于你如何敬业工作以向消费者提供服务和产品的故事。人们想和有故事的、努力服务客户又有乐趣的公司做生意。我最近做咨询的一家科技公司的周年纪念活动开设了照片亭和视频站，并鼓励员工和客户“分享他们的故事”，这些照片和视频通过公司内部的互联网分享，其中一些内容在获得授权后在社交媒体上传播开来。最后，员工们喜欢分享的乐趣，客户体验到的与科技公司合作所享有的乐趣，都以一种全新的、不同的方式参与到品牌活动中。

6. **迷你庆祝活动为自发的乐趣创造机会。**自发的庆祝活动是一个令人难以置信的动机，能迅速创造一个能量充足的环境。例如，我的一位制造业客户说她的仓库经理建议让她在午休时带领仓库管理员，到后面的停车场进行 30 分钟的室外足球比赛。起初她犹豫不决，但仓库经理承诺对生产目标加码，如果他们在一个小时内完成定额，那就让他们去玩 30 分钟的游戏。后来我的那位客户同意了，团队的业绩在仓库经理设定目标的基础上提升了 30%。每个人都感到惊喜，之后该团队继续在连续几周达成目标时就会自发地举行庆祝活动。

庆祝活动和乐趣可以成为企业文化的一部分，当它成为每个人心里最重要的东西时，有助于提升更多的人在更高层级上的表现。乐趣和庆祝是基本的工具，特别是对于那些快节奏工作的人和正在进行变革的公司而言。

复习一下个人和组织三步变革过程模型要点：

1. 拥抱颠覆；
2. 承诺英雄之旅；
3. 庆祝成功。

这三个步骤是一个连续的循环，类似于变革周期——你将循环通过。正如庆祝成功一样，你将不得不拥抱下一个颠覆，然后你就将聚集优势和资源，重新承诺开始英雄之旅，庆祝成功，如此等等。

我在本章分享的想法和故事也适用于个人。建模和领导三步变革过程的能力将对你的领导力和影响力产生积极的影响。最近我意识到，我在拥抱颠覆和承诺英雄之旅方面做得很好，但我并没有持续地庆祝。像你和许多人一样，我非常专注于把事情做好，不断追求敏捷性和对未来的专注，以至于我没有花时间去寻找乐趣。

一旦意识到这方面的缺失，我就承诺在工作日增加一些有趣的活动，以及自发地邀请我的同事一起快速做个游戏，拍一部自拍电影，或者与我的狗鲍勃和约基一起玩耍。

有一些领导变革的领域对你会比对其他人更容易。一旦建立起这方面的意识，你将会对确保能使用可用的资源（包括这本书）变得更加警觉。

> 如今，每隔几年企业就必须彻底进行自我创新，以保证跟上潮流。这是因为科技和互联网已永久地改变了商业环境。快节奏的数字时代促使公司变得更加灵活。
>
> ——诺兰·布什内尔（Nolan Bushnell）

The Art of Change Leadership

第 11 章

在推动改变世界的转型中茁壮成长

调查结果

未来不是让你怀着积极的期望去期待，就是因为不确定或未知而让你感到害怕。

正如前文所述，当专注于连续的重组时，你对未来翘首以盼，为它积极做准备，期望未来将会比过去和现在更美好。然而，如果你看重的是把过去当作你唯一快乐的时光，或者你念念不忘过去痛苦的根源，那么你就正在以还原的方式运行，这本书就是为了帮助你在更高的层级进行重组而写的。当我构思这本书的时候，我设定的目标是为领导者和团队提供一个转型指南，以帮助他们掌握驱动变革的能力。

公司是一个具有完备功能的有机体，确保其所有部分都朝着共同的目标协同一致地工作。我为这本书准备了一份调查并把它发给了 250 多家美国企业的领导者。我向他们提出了 10 个问题，这些问题涉及领导者们目前领导变革时所面临的挑战，也关注他们对未来职场的看法。

所有的问题都是多项选择题，我将在这里分享调查结果以及我对结果的思考。调查结果进一步证实了我过去 20 年来所进行的研究。看看你的回答与调查结果是否一致，然后参考一下我提供的建议和想法并对照你自己的想法。

2015 年 4 月针对美国公司 250 名领导者的调查

问题 1：在你看来，公司目前正在经历快速变革的主要原因是什么？

多项选择答案 / 回答

a. 技术创新：31.4%。

b. 职场年轻化：5.31%。

c. 全球竞争日益激烈：9.18%。

d. 以上所有：54.11%。

IBM 公司于 2012 年进行了一项更大规模的调查，在这项调查中大多数受访者表示技术创新是导致变革速度加快的最大原因。调查结果证实了这一点，有 31.4% 的人认为是技术推动了变革。有趣的是只有 5.31% 的人认为这是职场年轻化造成的，9.18% 的人认为这是由于全球竞争，而 54.11% 的受访者都提到了技术、人口结构和全球竞争这三个因素，认为它们是快速变革的原因。你可以归纳总结一下引起你公司变革加速的原因，并想想具体的例子。

《经济学人洞察力》（*Economist Insights*）关于 2020 年未来业务的报告指出，没有企业能够在不接触技术创新的情况下幸存下来。它们的调查显示，十位商界领袖中有六人担心到 2020 年底他们的业务将不复存在。

麻省理工学院斯隆管理学院的首席科学家安德鲁·迈克菲（Andrew McAfee）认为，重大技术进步即将到来。他说："我们现在看到的各种发展已经不再是科幻小说里出现的内容。我们从未有过这种现象，现在的计算机能够可靠地识别我们正在交谈时的语音，并在处理加工后实时地将结果反馈给我们；我们从未见过一台计算机能在智力竞猜节目中击败有史以来最优秀的人；我们也从未见过能在交通繁忙道路上无人驾驶的汽车。"

值得注意的是，随着技术成为快速变革的主要因素，尽管可能会出现革命性的技术，但更有可能的是，无论是从根本上改善业务流程本身，还是开发更具创新性的与客户互动的手段，会因已经存在的技术以新的形式应用而形成颠覆。即将到来的变革更多的是商业模式的变革，以及如何利用技术来改变一个组织和如何对客户产生影响，而不是技术本身的变化。我们将看到更多的商业与技术融合的例子，如 Facebook 并购了 WhatsApp 和 Instagram，以及谷歌对未来技术不断的探索，如谷歌眼镜和无人驾驶汽车。

正如我前面所分享的那样，人口结构和全球变化是冲击。Y 世代是技术的天生使用者，在利用技术推动商业的创新方面发挥着重要作用。全球化正在影响所有的企业，业务量也正从西方向东方转移，发展中国家的业务需求势必超过西方国家的业务量，这种情况下变革的速度将继续加快。

根据前面给出的调查结果，我们可以得出结论，对快速变革影响最大的是技术创新。

下一个问题我在第 10 章中已分享过，不过在这里我增加额外的观点，把它纳入整个调查中。

问题 2：作为领导者，你发现与领导变革有关的最大挑战是什么？

多项选择答案 / 回答

a. 让所有团队成员认同愿景：29.95%。

b. 让所有团队成员在最高绩效水平上工作：42.51%。

c. 让所有团队成员利用技术：9.66%。

d. 让所有团队成员更具有企业家精神和创新精神：17.87%。

在我看来，这并不奇怪，因为领导变革需要专注和吸引人们参与这个过程的承诺。最高的 42.51% 的回应是"让所有团队成员在最高绩效水平上工作"，也是他们在领导变革中面临的最大挑战。所有团队成员的绩效水平是单个的最大影响因素，因为它关系到你的公司快速而灵活地顺应变革的能力。

这些结果证实，衡量和评估绩效的整体方式需要转型。我认为让员工保持高绩效的原因之一是持续面临的挑战，因为领导者需要进一步发展其训练和指导的技能，以激励员工绩效达到最高水平。除了提高领导者的能力，还需要对绩效评估和奖励的结构进行彻底的改革。我提到把实时绩效反馈作为一种机制，可以对这一点有所帮助，这种机制就是员工绩效从年度绩效考核的旧系统向现代技术的解决方案改变和转换，它提供实时的数据和信息，能更容易地评估和奖励绩效。

问题 3：在公司，你认为与领导和管理变革有关的整体文化是什么？

多项选择答案 / 回答

a. 每个人都渴望向前迈进，创造进一步的成功：10.63%。

b. 大多数雇员都能跟上步伐，只有一小部分落后：27.05%。

c. 在取得进步时会出现反复，此时我们不得不让大家齐心协力：33.82%。

d. 有一大群人根本看不到变革的好处（他们的想法是，如果它没有破坏，就不要修复它）：28.5%。

针对这一问题，大约四分之一的受访者的回答与答案 b 更贴近："大多数雇员都能跟上步伐，只有一小部分落后。"还有答案 d 的百分比略高，即"有一大群人根本看不到变革的好处"。回答 d 的受访者面临着一个很大的挑战，就是如何让人们认同这一共同愿景。如果你的公司有一大群不想变革的人，现在就需要集中精力创造一个引人入胜的未来，赢得每个人的认同，并把绩效与奖励和认同联系起来。一家公司不设法处理庞大群体的阻力或对变革的恐惧，就会承担无法长期保持竞争力的风险，公司的生存就会受到威胁，这种情况适用于工会、政府和个人。技术创新带来的众多选择纷纷出现，以至于任何一家不能使所有人共同前进的公司将遇到残酷的竞争，而本书也无法提供相应的解决办法。我们迅速想到的是出租车行业和优步……

最多的回应是答案 c，即“在取得进步时会出现反复，此时我们不得不让大家齐心协力”。33.82% 的人选择这个答案。如果这也是你的答案，那么你的状态比那些回答 d 的人要好。出现反复是变革和转型周期中自然发生的一部分。而且，组织有机会通过重新评估和监测每天的参与和认同的程度来使变革流程最大化。一旦变革被接受，团队在将这些变革整合到日常工作中去的时候经常会出现一种自满情绪。这就有点儿还原的心态，由此进入了能量中性的休息区。因此，变革和转型的领导者需要提高要求，产生更多、更丰富的能量，以便设置一个更高的基点，使你和你的团队在创新和创造时尽量减少反复，增加更连续的创新和能量流。你可以评估团队内部何时开始出现冷漠，并适时增加乐趣因素，同时让团队创新，保持精力充沛，对专注于目标和未来感到兴奋。在团队能量较低的周期中，领导者可以利用这些周期的变化，将这些信息添加到时间表或项目管理计划中，集中精力多花一点时间和团队中的成员面对面，携手前行，以确保他们拥有所需的资源，并为他们提供灵感和支持。

问题 4：你的公司是否在驱动变革转型方面有明确的重点，例如提高客户价值和创造一个可选择的工作场所？

多项选择答案 / 回答

a. 是的，我们是创新者，更看重创新和奖励：16.43%。

b. 是的，我们正努力让我们公司的团队更多地专注于这个焦点：38.16%。

c. 不，我们忙于处理当前的业务和项目，以至于没有像我们应该做的那样关注未来：31.88%。

d. 不，我们的重点是保护现有的业务，以确保我们能够维持现有的客户水平：13.53%。

从这个问题的回答中可以看出一个好的信息，相对于回答 d，有更多的领导者回答 a："我们是创新者，更看重创新和奖励。" d 则是"我们的重点是保护现有的业务，以确保我们能够维持现有的客户水平"。对于那些回答 d 的领导者来说，领导的重点必须从根本上从保护企业业务转移到认清重点放在增加客户和员工的价值上，从而实现增加业务而不是维持现有业务。正如我在前面几章中所说的那样，维持是能量匮乏，如果你或你的领导团队不立即采取迅速以及能量充沛的行动，那么整体业务未来的生存将面临风险。

好消息是 38.16% 的受访者正努力争取更多的人驱动变革，因为这是企业在短期和长期蓬勃发展的关键。如果你也选择这个答案，你的精力需要集中在让更多的人跟上步伐，花更多的时间重复愿景和回报所有利益相关者。答案——"不，我们忙于处理当前的业务和项目，以至于没有像我们应该做的那样关注未来"——也是一个预示处于"为忙碌而忙碌"的危险信号。这种情况会毁损设定的系统和结构，无法确保把重点放在未来和推动转型上，反而花费大量精力维持现有业务。

你可能听说过吉姆·柯林斯（Jim Collins）的《从优秀到卓越》（*Good to Great*）。在这本书中，他提供了证据和理由，说明"好是卓越的敌人"的原因，因为许多人会满足于足够好，而不是始终如一地专注于卓越。这本书的目的是提供思路和灵感，使我们始终关注卓越、惊人和非凡。

问题 5：当谈到团队的表现以及它们如何引领变革时，你会说什么？

多项选择答案 / 回答

a. 我们有令人惊叹的团队和成员，他们渴望创造成果，共同努力，支持彼此的成功：15.46%。

b. 我们有这样的团队成员，他们说的都是正确的事情，并真的想创造成果，但个性冲突和权力斗争减缓了进步：39.61%。

c. 我们正在努力为团队成员提供资源和工具，以便更好地武装他们，使他们更具创新性，并获得领导变革的奖励：28.99%。

d. 我们的团队非常不愿意采取积极的行动，直到目前为止，我们的文化并没有奖励决策或创新：15.94%。

这个问题回答的最高比例为 b，39.61%，即“我们有这样的团队成员，他们说的都是正确的事情，并真的想创造成果，但个性冲突和权力斗争减缓了进步”。我认为这个答案证实了 CEO 们最关心的问题之一，那就是冲突对整体生产力和创新的影响。在本次调查中，选择这一答案的领导者们有很大的机会投资培训和训练，促进沟通，提高冲突管理技能和个性风格意识。试想一下，当人们不能有效地一起工作时，浪费的时间有多少。

推动转型的领导者需要提供资源，以帮助人们发展他们的人际交往能力，这一调查回应验证了在这一特定领域花费时间和资金的必要性。好消息是，15.46% 的受访者选择了 a，即“我们有令人惊叹的团队，他们渴望创造成果，共同努力，支持彼此的成功”。好极了！这意味着这些领导者正在领导变革和推动转型。我猜测，那些受访者因为他们的团队拥有持续的能量和生产力正享受着巨大的商业成功。

有 28.99% 的受访者的回答是 c，即“我们正在努力为团队成员提供资源和工具，以便更好地武装他们，使他们更具创新性，并获得领导变革的奖励”。这种状况也相当不错。专注于提供资源和工具的事实表明，他们愿意投资所需的东西，以便武装他们的人员和团队，取得更大的成功。

最后，15.94% 的受访者用 d 做出回答：“我们的团队非常不愿意采取积极的行动，直到目前为止，我们的文化并没有奖励决策或创新。”他们面前横亘着更大的课题。对于那些选择这个答案的领导者和公司来说，他们需要进行一次全面的文化转型。我敢猜测，这些公司是传统的、存在已久的，并有一个自上而下的、严格控制的嵌入式企业文化范式。文化转型需要去除控制和命令，并转向全员决策和创业方式。

问题 6：技术是生产型和盈利型公司的区分器。你认为你的团队如何与技术创新齐头并进，利用技术改进业务？

多项选择答案 / 回答

a. 我们的团队在技术上很有悟性，并且在技术创新和如何利用技术来改善业务方面一直占据着制高点：17.39%。

b. 我们的团队正在使用现有的技术，它们不是最领先的创新，也没有将技术创新应用到业务中：29.93%。

c. 我们的团队是各类人员的混合体，有些人高度精通技术，有些人抵制技术，有些人正在学习如何更多、更有效地使用技术：43.48%。

d. 我们的团队正在抵制将业务推向前进的技术创新，我们准备为此提供培训和资源，但仍然有巨大的阻力阻碍实现新技术的变革：9.18%。

对这个问题的回应证实了技术是目前商业中的最大颠覆者。选中率最高的答案是 c，即“我们的团队是各类人员的混合体，有些人高度精通技术，有些人抵制技术，有些人正在学习如何更多、更有效地使用技术”。43.48% 的人选择了这个答案。从我的观点来看，这很好，因为那些抗拒的人正在学习。这是一个关键的区别，因为学习是变革周期的发现阶段，它关注的是学习和成长，而不是因为不得不学习一项新技术而感到恐惧。然而，回答率次高的是 b，占 29.93%，即“我们的团队正在使用现有的技术，它们不是最领先的创新，也没有将技术创新应用到业务中”。这表明，有一种能量中性，它涉及管理使用现有技术，而不是致力于利用技术知识实现扩展和延伸，然后利用提高的知识水平去驱动创新。对于那些选择这个答案的受访者，我会建议制订一个有针对性的项目计划来获得所有想学习更多实用技术的人的认可：提供相关的技术培训，围绕利用技术创新和创造性的解决方案制订奖励计划。我很高兴看到 17.93% 的人选择了答案 a，最终我希望这个数字呈指数级增长，即“我们的团队在技术上很有悟性，并且在技术创新和如何利用技术来改善业务方面一直占据着制高点”。令我备受鼓舞的是，只有 9.18% 的人选择了答案 d，即“我们的团队正在抵制将业务推向前进的技术革新，我们准备为此提供培训和资源，但仍然有巨大的阻力阻碍实现新技术的变革”。对于那些选择了答案 d 的公司，我会建议它们执行一个全面变革领导力的计划，包括评估对变革的恐惧和阻碍出自哪里，就领导变革和相应的人的技能发展各方面的培训和资源提供项目时间表，如个性风格、冲突管理，诸如此类。一旦把关注点放在了引领变革、提供适应领导变革的技能和资源后，再回到技术培训。

问题 7：当谈到职场快节奏的变革时，你认为是什么原因让大多数人害怕变革？

多项选择答案 / 回答

a. 我们有一大群人在岗位上工作了多年，他们担心跟不上新技术的发展：31.88%。

b. 我们有很多人沉浸在过去的文化中，即“工龄”意味着优越感，现在我们的注意力集中在绩效上，而不是工龄，有些人为自己的工作而担心：32.85%。

c. 我们有许多年轻人，他们渴望变革并随之发展自己，他们担心为我们工作时不能尽可能多地学习：14.01%。

d. 我们曾经有很大的变化，团队经历了裁员，不能关注创造性的解决方案，他们的恐惧是被裁员：21.26%。

这是一个重要的问题，因为涉及员工正在经历的与快速变革有关的恐惧。领导者经常会忽略处理减缓转型步伐的因素——也就是恐惧这个现实。这个问题的答案证实了这一点，有 32.85% 的人选择 b，“我们有很多人沉浸在过去的文化中，即‘工龄’意味着优越感，现在我们的注意力集中在绩效上，而不是工龄，有些人为自己的工作而担心”。组织文化从基于工龄到基于绩效的转变是一个大问题，也是现在各行各业中的许多组织最大的变革机遇之一。对失去工作的恐惧是人们会拒绝变革而不是领导变革的一个很大的原因。人们把关注点放在自我保护而不是业务和公司的整体利益上。变革领导者需要向员工提供这样的信息，即驱动转型意味着业务的增加，而业务的增加意味着人们有更多的工作机会。

答案 d 与此类似，因为都是关于失去工作的恐惧，21.26% 的人回答：“我们曾经有很大的变化，团队经历了裁员，不能关注创造性的解决方案，他们的恐惧是被裁员。”解决方法是与所有人一对一地讨论恐惧，提供信息和资源，对人们的失业恐惧来说，这是一个有用的方法。此外，定期召开大型团体会议至关重要，重点是沟通变革，提醒每个人可使用工具和资源，坦诚地谈论工作前景。

答案 a 占比 31.88%，即“我们有一大群人在岗位上工作了多年，他们担心跟不上新技术的发展”。这个答案可能说明在工作场所有大量传统主义和婴儿潮一代的人，这时就有机会来建立实践操作技术培训和反向指导，即请 Y 世代或 X 世代花些时间向传统主义者和婴儿潮一代展示他们是如何使用技术的。我发现许多公司只是希望所有的技术培训都通过使用在线教程或观看视频的方式来实现。这种类型的学习对 Y 世代和 X 世代比较好。经验表明，传统主义者和婴儿潮一代更愿意让人手把手地教他们如何做，因为这样是他们理解困难概念的最好方式。这也意味着为了让他们学会复杂的技术，可能需要给他们反复做演示。

提供持续的、多种形式的技术培训（基于网络 / 游戏 / 课堂 / 个人 / 实践）能解决这一问题。

选择率最低的是答案 c，占 14.01%，即“我们有许多年轻人，他们渴望变革并随之发展自己，他们担心为我们工作时不能尽可能多地学习”。这表明，选择此答案的公司拥有更多的 Y 世代，他们的愿望是能在快速变革的环境中尽可能多地学习，以便能把这些知识带到别处去。2014 年 10 月的《哈佛商业评论》的文章中说，经常换工作的员工给公司带来的好处之一就是增加了多部门工作经验。文章还指出，多部门工作经验的员工越多，他们给所工作的公司带来的创新能力就越强。我们可以把它联想成思想观念的异花授粉现象。X 世代和 Y 世代并不认为他们简历上有多份工作经历是件坏事，相反，这被认为具有多种经验和知识。我鼓励公司尽它们所能向所有员工传授所有技能，因为这样会提高所有人的知识水平，从而改善现有的工作技能。即使他们可能会把这些知识带到别处，但你应该相信，你可以雇用更多的多部门工作经验型员工作为回报。

问题 8：你认为你的公司需发生什么才能在转型、创新和变革领导力方面继续保持行业领袖地位，或成为行业领袖？

多项选择答案 / 回答

a. 我们需要重组和重新审视作为一个高级领导小组想要的战略愿景、使命和价值观：10.14%。

b. 我们需要让整个公司都参与到愿景中来，并花时间与每个人进行一对一的会面，以确保他们在前进的道路上看到他们在公司未来的角色：40.10%。

c. 我们需要更新整个文化，把重点放在业绩上，而不是工龄上，我们需要奖励和承认那些主导转型向业务增长发展的人：34.30%。

d. 我们需要对整个公司植入一种新的思维方式和行动方式，其中包括需要成为创业的思考者和决策者：15.46%。

大多数受访者选择了 b 和 c，它们是相似的，如果我们把这两个整合在一起，总百分比是 74.40%，总体非常倾向于需要整个公司的参与以及更新整个文化。那些选择 a 的，即“我们需要重组和重新审视作为一个高级领导小组想要的战略愿景、使命和价值观”，这表明 10.14% 的公司的高层领导在整个公司参与变革之前有机会重新调整愿景。选择 d 的人占 15.46%，即“我们需要对整个公司植入一种新的思维方式和行动方式，其中包括需要成为创业的思考者和决策者”，这表明需要一个完整的变革方法，包括在信仰、思想和变革领导方式上的文化转型，以及在工作中进行“创业”的严格训练和指导。

问题 9： 当谈到自己作为变革领导者和转型驱动者的领导风格时，你认为自己最大的财富是什么？

多项选择答案 / 回答

a. 能够看到所有动态片段的能力，重视人比重视过程更重要：22.71%。

b. 确定战略的能力，并有愿景与团队共同努力，我的领导风格就是为我的团队提供尽可能好的工作所需的资源：22.22%。

c. 成为一个适应性强、敏捷的思考者的能力，回应他人的方式是以其价值为中心，然后影响他们从内心支持所设定的愿景和目标：27.54%。

d. 以上所有：27.53%。

受访者对这个问题的答案选择分布均匀。从我的角度看，好消息是近 30% 的人选择了上述全部，这表明三分之一的受访者拥有高度发展的变革领导力技能。这些受访者都能很好地进行文化转型，也能继续进行业务转型。

a、b 和 c 的答案都是有价值的变革领导力技能，我们面临的机会是开发所描述过的转型领导者的方方面面。

问题 10：对于 2020 年的职场，你认为影响到整个行业的最大变化是什么？

多项选择答案 / 回答

a. 技术将继续快速变化，我们与团队的人将面对与机器人的互动：25.60%。

b. 将会有更少的层级和更多的工作团队，团队中的每个人都是更具自主性的领导者，责任也更大：25.60%。

c. 将会有更少的与任务相关的工作，更多的项目将由内部团队和外包团队完成，以达成具体的目标和任务：20.77%。

d. 人才的竞争将会继续，考虑到即将到来的变革的速度，拥有一流的员工比今天更为关键：28.02%。

这些答案表明，对未来职场的预测没有明确的赢家。事实上，所有的答案都是对的。有的受访者选择了 d，即“人才的竞争将会继续，考虑到即将到来的变革的速度，拥有一流的员工比今天更为关键”。选择人数稍多，占 28.02%。未来工作研究所和其他未来主义者如费斯 · 波普康与我一同进行了研究，研究结果都证实了未来职场将包括机器人技术、人才争夺战、更多的项目工作和外包，以及更扁平的等级制度。

从一个人、一家公司开始变革世界

写这本书让我感到前所未有的激动。我真的感到很幸运能做我热爱的工作，做直到我步入晚年都喜欢的工作。我太热爱我所做的事情，好像它不仅仅是一份工作。

写这本书既很快乐，也很辛苦，同时也让我有机会评价自己作为一个变革领导者的技能。我不断地问自己，我是否在按照我所建议的那样做，这能帮助我提升和客户博弈的技能，使我比以前更出色。

我相信，我们首先关注我们自己的个人转型，然后引导他人变革和转型，从而最终改变世界。这就是我写这本书时赖以支撑的能量焦点——愿景远大于我个人。我树立了一个引人入胜的愿景，我踏上了英雄之旅，然而旅程才刚刚开始。

我很喜欢听你们的成功故事，在此我诚挚地邀请你们来分享如何成为全球变革领导者的经历。我有一批专注于不断转型的领导者，他们以精进的力量而著称。欢迎你通过出版社联系我并成为其中的一分子。

祝你在成为变革领导者的过程中，以及在快节奏世界推动转型的过程中一切顺利。

译者后记

谢丽尔·克兰曾经是美国电话电报公司、凯撒医疗集团、高德纳公司（Gartner）、TEDx 等知名品牌的主旨演讲人、领导力教练和顾问，她还与很多专注于发展型商业解决方案的公司共同合作，做过大量的现场调查和研究。20 多年来，她与全球数百个行业、数十个国家的商业领袖合作，共同探讨如何更有效地适应当今快速变化的时代，提高创新能力，增强个人的敏捷性，并最终帮助组织成为行业中具有适应性和标志性的领导者。熟知谢丽尔·克兰的人都称她是变革领导力和职场的未来转型方面最伟大的思想领袖之一。2012 年，她入选加拿大演说家名人堂，并曾担任全球演讲者联合会主席。

她所著的这本书不仅是一本研究变革领导力里程碑式的实用书，还是一本针对领导者和团队成员很接地气的全面指南。它揭开了我们对变革反应背后的心理谜团，并提供了一个强大的工具组合，可以更快、更有效地激发个人和集体转型，并帮助企业和个人了解如何在技术创新和快速变化的时期提高效率和敏捷性。它聚焦个人如何能够利用其独特的能力，以积极主动的方式领导组织文化变革，促进个人领导力的精进。

这本书为你提供了在变革领导力方面所需要的一切，让你成为公司所需要的变革领导者，以更好地理解人们如何在变革中取得成功，并激励周围的人和你一起坚持到底。通过本书 11 个全面的、循序渐进且非常有逻辑组织的章节，作者带领我们探索提高人脑运转速度的必要性、如何提高注意力、身心灵的联结、团队环境中的灵活性、理解不同世代的不同行为和处世方式、提高敏捷性和人际沟通效率，等等。

每个人天生具有勇敢面对或逃避现实的即时反应，它与当时的应激心理反应联系在一起，在变革这一生死攸关的时期尤其明显。当人们对变革做出的反应是恐惧、怀疑、防御和焦虑时，变革管理通常是被动的、短视的和基于恐惧的。但具有远见卓识的领导者在关注变革时，他们的反应是热情、专注和信念坚定的，这会为组织带来创造力、活力、远见、高效生产力、乐观主义和突破性的结果。变革领导者需要把精力花在解决方案上，要看到变革带来的好处，以速度和创新驱动变革，对其而言，这无疑是一个巨大的挑战。变革管理旨在控制任何变革工作，其目标往往是尽量减少变革带来的干扰和痛苦。而变革领导力则争取各方的全身心投入，将由外及内的动力转化成由内及外的动力，利用资源、赋能、驱动力、愿景和过程来推动大规模和可持续的变革，有效地应对当前 VUCA（易变性、不确定性、复杂性、模糊性）和 RUPT（急速、莫测、矛盾、缠结）等富有挑战性的环境。我们清晰地认识到只有让不同世代的更多的人成为真正的变革领导者，以世界为中心，才能真正推动变革，吸引和留住顶尖人才，领导组织变革、转型，让人们有超越既定的“稳步前进”成功水平的勇气，最终让他们的业务发展壮大并取得成果。以上就是这本书的精髓所在。

我从事过教师工作，在外企担任过 20 多年的人力资源总监和战略合作伙伴。如今从事国际教练联盟的专业教练（ICF PCC）工作。在翻译这本书的过程中，我深感它所带来的力量，我真心推荐教练、领导者和每一个需要应对变革的读者认真读完这本书，细细品味它给我们带来了什么。

每一位领导者都肩负管理者、领导者和教练的重任，如何弥补人们的潜能和现状之间的差距，被始终贯穿于本书的设计思想中。这本书既有方法又有流程，它能够帮我们梳理清楚我们现在所处的位置，从分析现状开始，采用测评问卷的方式来确定优势和机会领域，并充分利用书中介绍的解决方案的策略和概念（这种策略和概念交织在一起的内容是在其他商业书籍中所缺乏的），规划领导力发展宏图，以提高领导、运作和创造变化的能力。

好答案不如好问题，提问的方式能帮助我们更深层次地探索我们的心智模式和思维方式。让我以本书的内容为基础，提出几个问题，希望读者能找到自己的答案，也能在书中找到谢丽尔·克兰给出的答案，让我们在成为变革领导者的旅途中不断地鞭策自己。

什么是变革领导力？为什么它对未来的工作很重要？

我们将如何释放能量，让我们以无限的能量茁壮成长？

什么是以世界为中心的领导者？

不同世代的观点有何差异？他们看重什么？我将会如何支持他们？我可以创造性地做些什么来创造更多的价值？

如何有效地做好跨代、跨文化的沟通以实现团队协同？

作为商业领袖，有哪些简单有效的策略可以优化我的业绩？

如何将最大的挑战转化为最大的机遇？

亲爱的读者，你的答案是什么呢？

宋江泓

2020-4-13

The Art of Change Leadership: Driving Transformation in a Fast-Paced World

ISBN: 978-1-119-12475-7

北京阅想时代文化发展有限责任公司为中国人民大学出版社有限公司下属的商业新知事业部，致力于经管类优秀出版物（外版书为主）的策划及出版，主要涉及经济管理、金融、投资理财、心理学、成功励志、生活等出版领域，下设“阅想 · 商业”“阅想 · 财富”“阅想 · 新知”“阅想 · 心理”“阅想 · 生活”以及“阅想 · 人文”等多条产品线，致力于为国内商业人士提供涵盖先进、前沿的管理理念和思想的专业类图书和趋势类图书，同时也为满足商业人士的内心诉求，打造一系列提倡心理和生活健康的心理学图书和生活管理类图书。

《商业新思维：重构开放式商业认知》

- 企业只有打破组织边界，整合并开放企业利益相关者的所有知识和资源，才能实商业价值最大化 。
- 开放式商业模式是指利用可用资源来发现拥有共同目标的人，并将这些人聚集在一起，联合起来实现该目标的商业模式。它倡导扩大参与规模，并将客户视为合作伙伴。
- 开放式企业则是通过与外部合作伙伴系统地配合来创造和获取价值的企业，它将自己视为实现共同目标的平台——激励和驱动组织内部的人，同时吸引和培养大量的外部支持者。

《商业模式创新设计大全：90% 的成功企业都在用的 55 种商业模式》

- 深入研究 50 年来最具革命性的商业模式创新案例。
- 详尽解读世界上最赚钱的 55 种商业模式。
- 帮助你打破一切常规，对现有商业模式进行重组和创造性模仿。
- 为创造新的商业模式酝酿灵感利器，找到适合你的企业的商业模式。

《互联网领导思维：成为未来引领者的五大法则》

- 新一代领导者破解互联网思维、打造平等、自由、开放的互联网的必读书籍和最佳实践指南。
- 被誉为“互联网时代的戴尔·卡耐基”“100位最具互联网影响力的人物”之一、当今最受欢迎的社会化媒体大师埃里克·奎尔曼最新力作。
- 改变等级制领导模式，适应互联网时代发展要求，充分利用互联网资源，构建同级领导模式。

《高绩效工作教练与辅导：优化个人和组织绩效的刻意练习（第2版）》

- 教练就像一面镜子，帮助个人或组织认清自己的位置和状态。
- 向内挖掘潜能，向外发现可能性，进而不断自我优化。

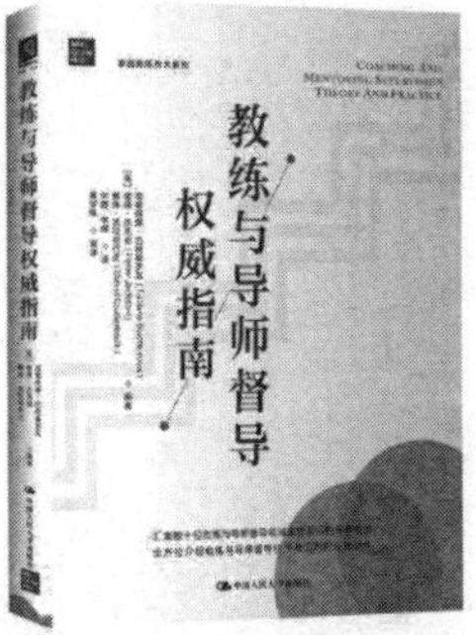

《教练与导师督导权威指南》

- 第一本全面介绍职业培训和指导监督的书。
- 实践性、综合性强，反映了培训和指导越来越职业化，人们越来越期望培训在常规监督下可以确保实践的质量与安全，这也有助于他们可持续的职业化发展。
- 作者包括职业培训领域世界知名的权威人士，他提供了关于这个快速发展领域的最新思想。

《高绩效团队教练（第 2 版）》

- 教练大师、巴斯咨询集团创始人兼名誉董事长彼得·霍金斯将系统性教练技术付诸实践的倾心之作。
- 清华大学经管学院领导力研究中心研究员陈生民、著名团队管理专家、创业家兼专栏作家玛格丽特·赫弗南作序推荐。

《高绩效团队教练（实战篇）》

- 教练大师彼得·霍金斯所著《高绩效团队教练（第 2 版）》的配套案例集。
- 书中大量的案例研究是众多的团队领导者和团队外部教练共同写作完成的，所选案例来自不同的国家和地区，如澳大利亚、芬兰、加拿大、英国及欧洲大陆等。
- 这些案例短小精悍，涉及诸多领域，包括专业服务、医药、健康服务、航空、建筑、金融、地方政府等。

《管理的完美处方：向世界顶级医疗机构学习领导力》

- 《星巴克体验》的作者全新力作。
- 医疗机构、服务行业以及管理界人士必读。
- 世界顶级医疗机构追求零缺陷的领导力和管理智慧。
- 破解医疗企业管理困局，引领医疗管理深度变革。
- 开启以患者为本的医患关系新时代。

《机遇变现：发现下一波商业创新模式 》

- 可口可乐、惠普、洲际酒店、雅诗兰黛等知名跨国企业联名推荐。
- 战略创新＋商业设计思维＋视觉思维。
- 指引企业找到新增长路线图，抢占未来市场商机企业要想实现长久的发展，就必须解决创新活动水平低、成本高、收益低的问题，必须学会建立新的增长战略和商业机遇。

《MIT 高效创新实验法》

- 百度集团前总裁兼首席运营官、Y Combinator 中国创始人及首席执行官陆奇倾情推荐。
- 经世界各国企业检验行之有效的美国麻省理工学院 5×5 创新实验法。
- 助你以最小的成本代价快速打开创新实验的大门，获得创新投资的最佳途径。

《创新的七宗罪：为什么创新会失败》

- 麻省理工学院创新实验室权威专家、国际公认企业思想和实践意见领袖从心理学层面深刻解析创新失败的根源，帮助企业寻找最大化创新成功的可能性。
- 3M 公司前首席执行战略官罗杰·莱西作序推荐。